数学导学基础模块 ◆上册

主编 郝玉华 高胜才

北京理工大学出版社
BEIJING INSTITUTE OF TECHNOLOGY PRESS

版权专有　侵权必究

图书在版编目（CIP）数据

数学导学基础模块．上册／郝玉华，高胜才主编．— 北京：北京理工大学出版社，2022.6 重印

ISBN 978-7-5682-6152-4

Ⅰ．①数… Ⅱ．①郝… ②高… Ⅲ．①数学课-中等专业学校-升学参考资料 Ⅳ．① G634.603

中国版本图书馆 CIP 数据核字（2018）第 190443 号

出版发行／北京理工大学出版社有限责任公司
社　　址／北京市海淀区中关村南大街 5 号
邮　　编／100081
电　　话／（010）68914775（总编室）
　　　　　（010）82562903（教材售后服务热线）
　　　　　（010）68944723（其他图书服务热线）
网　　址／http://www.bitpress.com.cn
经　　销／全国各地新华书店
印　　刷／定州市新华印刷有限公司
开　　本／787 毫米 × 1092 毫米　1/16
印　　张／8.5　　　　　　　　　　　　　责任编辑／高雪梅
字　　数／171 千字　　　　　　　　　　　文案编辑／高雪梅
版　　次／2022 年 6 月第 1 版第 5 次印刷　责任校对／周瑞红
定　　价／25.50 元　　　　　　　　　　　责任印制／边心超

图书出现印装质量问题，请拨打售后服务热线，本社负责调换

中等职业教育创优导航文化素养提升系列丛书

编写委员会

主　任　　张志增

委　员　　（按首字汉字笔画排序）

　　　　　于春红　韦玉海　陈宝忠

　　　　　张秀魁　张剑锋　张健智

　　　　　郝玉华　郭建成　黄书林

本书编写组

主　编　　郝玉华　高胜才

副主编　　罗彦肖　张　巧　侯玉清

　　　　　张艳茹　杨秀云

参　编　　张树军　张博文　刘艳芳

本书是为了帮助学生轻松高效地学好中等职业教育课程改革国家规划新教材《数学》(基础模块)(上册)而开发的学习指导用书.全书紧扣新教材和新教学大纲,突出了职教特色,比较全面、详细地讲解了教材中所有的知识点,突出了重点,突破了难点.本书例题、习题难易适中,可操作性强,材料新颖、注重原创;讲解精当、注重启发.力求方法的讲解与技能的训练、能力的提升逐步到位.他既是一本学生的学习指导书,又是一本教师的教学参考书,还可作为学生参加普通高等学校对口招生考试的复习用书.

本书按照中等职业教育课程改革国家规划新教材《数学》(基础模块)(上册)的章节顺序编写,每节均由以下几个部分构成:

第一部分,学习目标导航,全面呈现了本节教材的主要学习内容和认知要求,让学生明白本节的学习要求以及努力学习的方向和应达到的程度,便于学生作学习过程中的自我评价.

第二部分,知识要点梳理,对本节知识作了比较系统地归纳和总结,对教材中的重点、难点和疑点作了恰当的解析,使之各个击破,以扫清学生学习中的障碍,进而提高学习效率.

第三部分,典型例题剖析,根据教材内容、学习目标和学生的认知水平,结合相关例题分类剖析了本节教学内容所涵盖的重点题型,帮助学生启发思维,打开解题思路,培养科学的思维方法和推理能力以及运用所学知识解决问题的能力,进而掌握重点,突破难点.

第四部分,课堂小测试,让学生在练中学,在练中悟,在练中举一反三,触类旁通,积累解题经验,提高解题能力.

  本书配有单元检测试卷和期中、期末检测试卷,方便师生使用。书末提供了第四部分中课堂小测试题和单元检测试卷与期中期末检测试卷的答案或解析,便于学生自学,以引领学生形成良好的学习习惯.

  全书注重知识的迁移和能力的培养,坚持"低起点、高品位"的统一,是学生学好数学不可或缺的一本参考书.

  本书在编写过程中,得到了广大同仁和编者所在单位的支持,在此表示感谢.

  虽然,我们抱着严谨务实的态度,力求完美,但因水平有限,本书难免存在不足和疏漏之处,敬请各位读者批评指正.如有赐教,请发电子邮件至234571459@qq.com.

编　者

第1章 集合 ································· 1
  1.1 集合及其表示 ······················ 2
    1.1.1 集合的概念 ··················· 2
    1.1.2 集合的表示法 ················ 7
  1.2 集合之间的关系 ··················· 10
  1.3 集合的运算 ························ 15
    1.3.1 交集 ··························· 16
    1.3.2 并集 ··························· 18
    1.3.3 补集 ··························· 20
  第1章检测题 ······························ 22

第2章 不等式 ······························ 25
  2.1 不等式的基本性质 ··············· 26
    2.1.1 实数的大小 ··················· 26
    2.1.2 不等式的基本性质 ············ 27
  2.2 区间 ································· 30
  2.3 一元二次不等式 ··················· 34
  2.4 含绝对值的不等式 ··············· 38
  2.5 不等式应用举例 ··················· 41
  第2章检测题 ······························ 42

第3章　函数 …………………………………… 46
　3.1　函数的概念 ……………………………… 47
　3.2　函数的表示方法 ………………………… 51
　3.3　函数的性质 ……………………………… 56
　　3.3.1　函数的单调性 ……………………… 56
　　3.3.2　函数的奇偶性 ……………………… 60
　　3.3.3　几种常见的函数 …………………… 65
　3.4　函数的应用 ……………………………… 66
　第3章检测题 ………………………………… 71

第4章　三角函数 ……………………………… 76
　4.1　角的概念推广 …………………………… 77
　　4.1.1　任意角 ……………………………… 77
　　4.1.2　终边相同的角 ……………………… 79
　4.2　弧度制 …………………………………… 82
　4.3　任意角的三角函数 ……………………… 86
　　4.3.1　任意角的三角函数定义 …………… 86
　　4.3.2　单位圆与三角函数 ………………… 88
　4.4　同角三角函数的基本关系 ……………… 92
　4.5　诱导公式 ………………………………… 97
　4.6　正弦函数的图像和性质 ………………… 102
　　4.6.1　正弦函数的图像 …………………… 102
　　4.6.2　正弦函数的性质 …………………… 105
　4.7　余弦函数的图像和性质 ………………… 108
　4.8　已知三角函数值求角 …………………… 112
　第4章检测题 ………………………………… 116

期中检测题 …………………………………… 119
期末检测题 …………………………………… 123

第1章 集合

知识构架

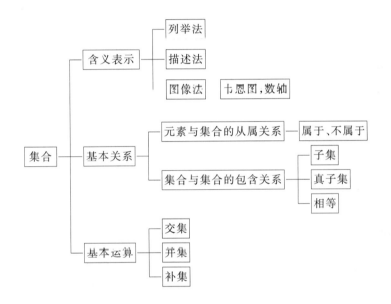

1.1 集合及其表示

1. 理解集合的概念和常用特定数集及其记法.
2. 理解元素与集合的关系,能判断某一元素属于或不属于某一集合.
3. 掌握集合的常用表示方法,会用列举法和描述法表示集合.
4. 能结合日常生活中的一些具体事例来感受和理解集合的含义,通过集合语言的学习与运用,培养数学思维能力.

1.1.1 集合的概念

一、集合与元素的概念

1. 元素与集合

一般地,我们把研究对象统称为元素.元素常用小写英文字母 $a,b,c,\cdots$ 表示.

由一些元素组成的全体叫做集合(简称集).集合常用大写英文字母 $A,B,C,\cdots$ 表示.例如,$A=\{2,4,6,8,\cdots\}$,$B=\{(x,y)\mid y=x^2-1\}$,$C=\{$造纸术,印刷术,指南针,火药$\}$.其中 A 为所有正偶数的集合,B 为抛物线 $y=x^2-1$ 上所有点的集合,C 为我国古代四大发明组成的集合.

理解集合的概念要注意以下几点:

(1) 集合是一个原始的、不加定义的概念;

(2) 集合是一个整体,包含"全部"、"全体"、"所有"的含义.例如对于集合 $\{x\mid x\geqslant 4\}$,就是指所有大于或等于 4 的实数的全体;

(3) 构成集合的对象必须是"确定"的,即构成集合的对象必须具有非常明确的特征,不能模棱两可;

(4) 集合中的元素是互不相同的.

2. 常用特定数集及其记法

(1) 由全体自然数 $0,1,2,3,\cdots$ 组成的集合叫做自然数集或非负整数集,记作 **N**;

(2)自然数集中排除0后的集合叫做正整数集,记作 $\mathbf{N}^+$ 或 $\mathbf{N}^*$;

(3)全体整数的集合叫做整数集,记作 $\mathbf{Z}$;

(4)整数和分数统称为有理数.全体有理数组成的集合叫做有理数集,记作 $\mathbf{Q}$;

(5)有理数和无理数统称为实数.全体实数组成的集合叫做实数集,记作 $\mathbf{R}$.

二、元素与集合的两种关系

元素与集合有属于($\in$)和不属于($\notin$)两种关系.如果 a 是集合 A 中的元素,就说 a 属于集合 A,记作 $a\in A$;如果 a 不是集合 A 中的元素,就说 a 不属于集合 A,记作 $a\notin A$.

符号"$\in$"、"$\notin$"是用来表示元素与集合之间的关系的,不能用来表示集合与集合之间的关系;$a\in A$ 与 $a\notin A$ 取决于 a 是否为集合 A 中的元素.由集合中元素的确定性可知,对任何元素 a 与集合 A,在 $a\in A$ 与 $a\notin A$ 这两种情况中必有一种且只有一种成立;只要是集合中的元素必定符合这个集合所特有的特征,凡符合这个特征的对象都是该集合的元素.

三、集合中元素的三个特征

1. 确定性

集合中元素的确定性是指集合中的元素是确定的,也就是说,给定一个集合,任何一个对象要么属于这个集合,要么不属于这个集合.

2. 互异性

集合中元素的互异性是指集合中的任何两个元素彼此是不同的,也就是说,在同一个集合中,不能重复出现同一个元素.

如集合$\{4,a^2\}$,根据集合中元素的互异性可知,这一集合中的两个不同元素是不相等的,即一个是4,另一个一定不是4,所以 $a^2\neq 4$,即有 $a\neq 2$ 且 $a\neq -2$.

3. 无序性

集合中元素的无序性是指集合与其元素的排列次序无关.例如,集合$\{1,2,3\}$与集合$\{2,3,1\}$是同一个集合.

四、集合相等

只要构成两个集合的元素完全相同,则称这两个集合相等.例如,集合 $A=\{a,b,c\}$ 与集合 $B=\{b,a,c\}$ 的元素完全相同,所以集合 A 与 B 相等,记作 $A=B$.

在判断两个集合相等时,特别要注意集合中元素的互异性.

五、集合的两种表示方法

1. 列举法

列举法是指将集合中的元素一一列举出来,并写在大括号内表示集合的方法.

用列举法表示集合时,要注意以下四点:

(1)元素之间用逗号隔开;

(2)元素不重复(即满足集合中元素的互异性);

(3)元素不能遗漏;

(4)当集合中元素个数较少时用列举法表示比较简单,当集合中元素个数较多或无限但呈现出一定的规律性时,也可以用列举法表示.

2.描述法

描述法是把集合中的元素所具有的共同特征描述出来,并写在大括号内表示集合的方法.它的一般形式是

$$\{x \mid p(x)\}.$$

其中 x 是集合中元素的代表形式,$p(x)$ 是集合中元素 x 的共同特征,两者之间的竖线不可省略.

用描述法表示集合时,要注意以下五点:

(1)写清楚该集合中元素的代表形式(一般用字母表示);

(2)写明该集合中元素的特征或性质;

(3)用于描述元素特征的语句要力求简明、准确,不产生歧义;

(4)多层描述时,准确使用"且"、"或"等词语;

(5)在不引起混淆的情况下,用描述法表示集合有时也可以省去竖线及其竖线左边的部分.

典型例题剖析

题型一 集合中元素的确定性

例1 下列各组对象能构成集合的是( ).

A.我们班数学成绩比较好的同学的全体

B.接近于 10 的数的全体

C.平面内到坐标原点 O 的距离等于 1 的点的全体

D.$\sqrt{2}$ 的近似值的全体

分析 "我们班数学成绩比较好的同学""接近于 10 的数"标准不明确,即元素不确定,如 11 是否属于接近于 10 的数呢,不能确定.因此 A、B 均不能构成集合.同样地,"$\sqrt{2}$ 的近似值"也不明确,由于没有指明精确度,因此很难判定一个数,比如 1.8 是不是它的近似值,所以 D 也不能构成一个集合.

解答 因为在 A、B、C、D 中只有 C 中的元素确定,所以它能构成一个集合,故选 C.

例 2 若集合 $A=\{x|x^2+(m+1)x-n=0\}$ 中只有一个元素 m,求实数 m、n 的值.

分析 集合 A 中只有一个元素,即关于 x 的一元二次方程有两相等的实数根.

解答 因为集合 $A=\{x|x^2+(m+1)x-n=0\}$ 中只有一个元素 m,

所以方程 $x^2+(m+1)x-n=0$ 有两个相等的实数根.

由根与系数的关系有 $\begin{cases}-(m+1)=2m,\\-n=m^2,\end{cases}$ 解之得 $\begin{cases}m=-\dfrac{1}{3},\\n=-\dfrac{1}{9}.\end{cases}$

故所求实数 m,n 的值分别是 $-\dfrac{1}{3}$,$-\dfrac{1}{9}$.

备注:一元二次方程的问题,再借助根与系数的关系(即韦达定理)求解.一元二次方程的根与系数的关系的内容为:若一元二次方程 $ax^2+bx+c=0(a\neq0)$ 的两根分别为 x_1、x_2,则 $x_1+x_2=-\dfrac{b}{a}$,$x_1x_2=\dfrac{c}{a}$.特别要注意的是,这里 a 为二次项系数,b 为一次项系数,c 为常数项.

题型二 集合中元素的互异性与无序性

例 3 已知 a^2 是集合 $\{0,1,a\}$ 的一个元素,求实数 a 的值.

分析 由元素的确定性可知 $a^2=0,1$ 或 a;由元素的互异性可知 $a\neq0$ 且 $a\neq1$.

解答 (1)若 $a^2=0$,则 $a=0$,此时集合为 $\{0,1,0\}$,与集合中元素的互异性矛盾 $a=0$,不符合题意.

(2)若 $a^2=1$,则 $a=1$ 或 -1.当 $a=1$ 时,集合为 $\{0,1,1\}$,与元素的互异性矛盾;当 $a=-1$ 时,集合为 $\{0,1,-1\}$,符合题意.

(3)若 $a^2=a$,则 $a=0$ 或 1.由(1)和(2)可知 $a=0$ 和 $a=1$ 都不符合题意.

综上所述,实数 a 的值为 -1.

课堂小测试

一、选择题

1. 下列各组对象,不能构成集合的是( ).

   A. 所有正三角形　　　　　　　B. 所有正整数

   C. 《数学》课本中的所有习题　　D. 《数学》课本中的所有难题

2. 设集合 $A=\{a\}$,则下列各式正确的是( ).

   A. $a=A$　　B. $a\notin A$　　C. $a\in A$　　D. $0\in A$

3. 若以集合 $M=\{a,b,c\}$ 中的三个元素为边可以构成一个三角形,则该三角形一定不是(   ).

   A. 锐角三角形   B. 等腰三角形   C. 直角三角形   D. 钝角三角形

4. 下列说法正确的是(   ).

   A. 数集 **N** 中最小的数是 1

   B. 所有等腰三角形组成的集合可表示为{所有等腰三角形}

   C. 集合$\{1,2\}$与集合$\{2,1\}$不是同一个集合

   D. 在集合$\{a,a^2-a\}$中 $a\neq 0$ 且 $a\neq 2$

5. 空集与集合$\{0\}$的关系中,正确的是(   ).

   A. 相等   B. 空集属于$\{0\}$

   C. 空集包含$\{0\}$ D. 空集是$\{0\}$的真子集

6. 集合$\{(1,2),(3,4)\}$中元素的个数有(   ).

   A. 1 个   B. 2 个   C. 3 个   D. 4 个

二、填空题

7. 方程组 $\begin{cases} x+3y=5 \\ x-2y=10 \end{cases}$ 的解集是_____.

8. 集合$\{x|x$ 是 8 的正约数$\}$用列举法可表示为_____.

9. 若 $-3\in\{x|x^2+mx-3=0\}$,则实数 $m=$_____.

10. 集合 $M=\{(x,y)|2x+y=5,x\in N,y\in N\}$中共有_____个元素.

三、解答题

11. 判断下列说法是否正确?并说明理由.

    (1)参加 2010 年广州亚运会的所有国家构成一个集合;

    (2)未来世界的高科技产品构成一个集合;

    (3) $1,0.5,\dfrac{3}{2},\dfrac{1}{2}$组成的集合含有四个元素;

    (4)高一(三)班个子高的同学构成一个集合.

12. 已知集合 A 是由 $a-2, 2a^2+5a, 12$ 三个元素组成的,且 $-3 \in A$,求 a.

13. 设 P、Q 为两个非空实数集合,P 中含有 $0,2,5$ 三个元素,Q 中含有 $1,2,6$ 三个元素,定义集合 $P+Q$ 中的元素是 $a+b$,其中 $a \in P, b \in Q$,则 $P+Q$ 中元素的个数是多少?

1.1.2 集合的表示法

知识要点梳理

1. 列举法

将集合的元素一一列出,用逗号分隔,再用花括号括为一个整体.

当集合为元素很多的有限集或无限集时,可以在花括号内只写出几个元素,其他元素用省略号表示.

注意:用列举法表示集合时,不必考虑元素的排列顺序,如集合 $\{-1,1\}$ 与集合 $\{1,-1\}$ 表示的是同一个集合,集合中的元素是不重复的.

2. 描述法

利用元素特征性质来表示集合的方法.

在花括号中画一条竖线,竖线的左侧写上集合的代表元素 x,并标出元素的取值范围,竖线的右侧写出元素所具有的特征性质.

典型例题剖析

例 1 用列举法表示下列集合：

(1) $A=\{x\mid -1<x\leqslant 4, x\in \mathbf{N}\}$；

(2) $B=\{(x,y)\mid x+y=5, x\in \mathbf{N}^*, y\in \mathbf{N}^*\}$.

分析 弄清集合中元素的特征,再将集合中的元素逐个写出来,不重不漏.

解答 (1) 因为 $-1<x\leqslant 4, x\in \mathbf{N}$,所以 $x=0,1,2,3$ 或 4. 故 $A=\{0,1,2,3,4\}$.

(2) 因为 $x+y=5, x\in \mathbf{N}^*, y\in \mathbf{N}^*$,所以

$$\begin{cases} x=1, \\ y=4 \end{cases} \text{或} \begin{cases} x=2, \\ y=3 \end{cases} \text{或} \begin{cases} x=3, \\ y=2 \end{cases} \text{或} \begin{cases} x=4, \\ y=1. \end{cases}$$

故 $B=\{(1,4),(2,3),(3,2),(4,1)\}$.

例 2 用描述法表示下列集合：

(1) $\left\{1,\dfrac{1}{2},\dfrac{1}{3},\dfrac{1}{4},\dfrac{1}{5},\dfrac{1}{6},\dfrac{1}{7}\right\}$；

(2) $\{1,4,9,16,25,36\}$.

分析 在第(1)题中,1 可以写成 $\dfrac{1}{1}$；

在第(2)题中 $1=1^2, 4=2^2, 9=3^2, \cdots$.

解答 (1) 原集合可表示为 $\left\{x\mid x=\dfrac{1}{n}, n\in \mathbf{N}^*, n\leqslant 7\right\}$；

(2) 原集合可表示为 $\{x\mid x=n^2, n\in \mathbf{N}^*, n\leqslant 6\}$.

课堂小测试

一、选择题

1. 10 以内的所有正偶数组成的集合( ).

   A. $\{2,4,6,8\}$ B. $\{2,4,6,8,10\}$ C. $\{0,2,4,6,8\}$ D. $\{0,2,4,6,8,10\}$

2. 方程组 $\begin{cases} x+3y=5 \\ x-2y=10 \end{cases}$ 的解集是( ).

   A. $\{8,-1\}$ B. $\{-1,8\}$ C. $\{(8,-1)\}$ D. $\{(-1,8)\}$

3. 下列说法正确的( ).

   A. 在集合 $\{a, a^2-a\}$ 中 $a\neq 0$ 或 $a\neq 2$

   B. 所有正三角形组成的集合可表示为 $\{$所有三角形$\}$

C. 集合 {1,2} 与集合 {2,1} 不是同一个集合

D. 数集 **N** 中最小的数是 0

4. 16 的正约数组成的集合（　　）.

  A. {1,2,4,8,16}   B. {2,4,8,16}

  C. {1,2,4,6,8,16}   D. {1,2,4,8}

5. 用描述法表示集合大于 −4 且小于 8 的所有整数组成的集合（　　）.

  A. $\{x\mid -4<x<8, x\in \mathbf{Z}\}$ B. $\{x\mid -3<x<7\}$

  C. $\{x\mid -4\leqslant x\leqslant 8\}$ D. $\{x\mid -3\leqslant x\leqslant 7\}$

6. 对于集合 $\{(x,y)\mid xy>0\}$ 表示平面直角坐标系第（　　）象限的点集.

  A. 一   B. 三   C. 一、三   D. 二、四

7. 所有奇数组成的集合用描述法表示（　　）.

  A. $\{x\mid x=2k+1, k\in \mathbf{Z}\}$ B. $\{x\mid x=2k, k\in \mathbf{Z}\}$

  C. $\{x\mid x=k+1, k\in \mathbf{Z}\}$ D. $\{x\mid x=k, k\in \mathbf{Z}\}$

8. 方程 $x^2-5x-6=0$ 的解集是（　　）.

  A. {1,−6}   B. {−1,6}   C. {2,−3}   D. {−2,3}

二、填空题

9. 用列举法表示集合 $A=\left\{x\mid x\in \mathbf{Z}, \dfrac{8}{6-x}\in \mathbf{N}\right\}=$ _____.

10. 下列各组集合中，满足 $P=Q$ 的有 _____.（填序号）

  (1) $P=\{(1,2)\}, Q=\{(2,1)\}$；

  (2) $P=\{1,2,3\}, Q=\{3,1,2\}$；

  (3) $P=\{(x,y)\mid y=x-1, x\in \mathbf{R}\}, Q=\{y\mid y=x-1, x\in \mathbf{R}\}$.

11. 下列各组中的两个集合 M 和 N，表示同一集合的是 _____.（填序号）

  (1) $M=\{\pi\}, N=\{3.14159\}$；

  (2) $M=\{2,3\}, N=\{(2,3)\}$；

  (3) $M=\{x\mid -1<x\leqslant 1, x\in \mathbf{N}\}, N=\{1\}$；

  (4) $M=\{1,\sqrt{3},\pi\}, N=\{\pi,1,\mid -\sqrt{3}\mid\}$.

12. 集合 $\{x\mid x$ 是 10 的正约数$\}$ 用列举法可表示为 _____.

13. 若 $-3\in \{x\mid x^2+mx-3=0\}$，则实数 $m=$ _____.

14. 集合 $M=\{(x,y)\mid 2x+y=5, x\in \mathbf{N}, y\in \mathbf{N}\}$ 中共有 _____ 个元素.

三、解答题

15. 设集合 $A=\left\{x\left|\dfrac{8}{x+2}\in\mathbf{N}, x\in\mathbf{N}\right.\right\}$.

    (1) 试判断 0,4 与集合 A 的关系；

    (2) 用列举法表示集合 A.

16. 设集合 $M=\{1,a,b\}$，$N=\{a,a^2,ab\}$，且 $M=N$，试求实数 a、b 的值.

17. 由第四象限所有的点组成的集合.

18. 集合 $A=\{x\mid(x+1)(x^2-3x+2)=0\}$，用列举法表示该集合.

1.2 集合之间的关系

学习目标导航

1. 理解集合之间的包含与相等的含义，能识别给定集合的子集或真子集，并掌握其记法和读法.

2. 在具体情境中，了解全集与空集的含义.

3. 初步认识韦恩图，并会用韦恩图表示两个集合的关系.

知识要点梳理

一、子集及其性质

1. 子集的定义

(1)文字语言:对于两个集合 A、B,如果集合 A 中任意一个元素都是集合 B 的元素,则称集合 A 是集合 B 的子集.记作 $A \subseteq B$(或 $B \supseteq A$),读作集合 A 包含于集合 B(或集合 B 包含集合 A).

(2)符号语言:$x \in A \Rightarrow x \in B$,记作:$A \subseteq B$ 或 $(B \supseteq A)$.

(3)图形语言(常用韦恩图):

表示集合 A 是集合 B 的子集.

理解子集的定义要注意以下四点:

(1)集合 A 是集合 B 的子集的含义是:集合 A 中的任何一个元素都是集合 B 中的元素,即若 $x \in A$,则一定有 $x \in B$.

(2)当集合 A 不是集合 B 的子集时,则记作:$A \nsubseteq B$(或 $B \nsupseteq A$),读作:集合 A 不包含于集合 B(或集合 B 不包含集合 A).

(3)不含任何元素的集合叫做空集,记作 $\varnothing$.并且规定,空集是任何集合的子集,即对任一集合 A,有 $\varnothing \subseteq A$.

(4)在子集的定义中,不能认为子集 A 是集合 B 中的部分元素所组成的集合.因为若子集 $A = \varnothing$,则子集 A 中不包含任何元素.

2. 子集的性质

(1)$A \subseteq A$,即任何一个集合都是本身的子集,那是因为对于任何一个集合 A,它的任何一个元素都属于集合 A.

(2)若 $A \subseteq B, B \subseteq C$,则 $A \subseteq C$,这一性质叫子集的传递性.

二、两个集合相等

如果集合 A 的任何一个元素都是集合 B 的元素(即 $A \subseteq B$),并且集合 B 的任何一个元素都是集合 A 的元素(即 $B \subseteq A$),则称集合 A 与集合 B 相等,记作

$$A = B$$

理解集合相等的定义要注意以下三点:

(1)若两个集合相等,则两个集合所含元素完全相同,反之亦然.

(2)若 $A \subseteq B, B \subseteq A$,则 $A = B$.

(3)要判断两个集合是否相等,对于元素较少的有限集,主要看它们的元素是否完全相同;若是无限集,则从"互为子集"入手进行判断.

三、真子集

如果 $A\subseteq B$,并且 B 中至少有一个元素不属于 A,则称集合 A 为集合 B 的真子集,记作

$$A \subsetneq B$$

读作集合 A 真包含于集合 B(或集合 B 真包含集合 A).这里的符号"$\subsetneq$"包含有"$\subseteq$"和"$\neq$"两层含义,即 $A\subseteq B$ 且 $A\neq B \Rightarrow A\subsetneq B$.

理解真子集的概念要注意以下五点:

(1)空集是任何非空集合的真子集.

(2)集合 A 是集合 B 的子集为集合 A 是集合 B 的真子集的前提条件.

(3)任何一个集合是它本身的子集,而不是它本身的真子集.

(4)对于集合 A,B,C,如果 $A\subsetneq B,B\subsetneq C$,那么 $A\subsetneq C$.

(5)元素与集合的关系是属于与不属于的关系,分别用符号"$\in$","$\notin$"表示;集合与集合的关系是包含、真包含与相等的关系,分别用符号"$\subseteq$""$\subsetneq$"和"$=$"表示.

例如,集合 $A=\{2,4\},2\in A,3\notin A$;又如,集合 $A=\{2,4\},B=\{2,3,4\}$,则 A 是 B 的子集,也是真子集,用符号"$A\subseteq B$"与"$A\subsetneq B$"表示即可,但用"$A\subsetneq B$"表示更确切.

四、含有 n 个元素的集合的子集的个数

对于集合 $A=\{1,2,3\}$,由子集的定义可知 $\{1\},\{2\},\{3\},\{1,2\},\{2,3\},\{1,3\}$ 都是 A 的子集,又因为 $\varnothing \subsetneq A,A\subseteq A$,因此集合 $A=\{1,2,3\}$ 的子集有 8 个(包含空集 $\varnothing$ 和本身 A),其中真子集有 7 个,非空真子集有 6 个.

一般地,含有 n 个元素的集合的子集的个数为 2^n,真子集的个数为 2^n-1,非空子集的个数为 2^n-1,非空真子集的个数为 2^n-2.

五、子集

若 $A\subseteq B$ 或 $(B\supseteq A)$,则 A 是 B 的子集.

六、真子集

如果 $A\subseteq B$,并且 B 中至少有一个元素不属于 A,则称集合 A 为集合 B 的真子集,记作:$A\subsetneq B$,读作集合 A 真包含于集合 B(或集合 B 真包含集合 A).

七、集合相等

如果集合 A 的任何一个元素都是集合 B 的元素(即 $A\subseteq B$),并且集合 B 的任何一个元素都是集合 A 的元素(即 $B\subseteq A$),则称集合 A 与集合 B 相等,记作:$A=B$,读作:集合 A 等于集合 B.

典型例题剖析

例1 已知$\{2,3\} \subseteq M \subsetneq \{1,2,3,4\}$,求集合$M$及个数.

分析 集合M中至少含有两个元素2和3,并且最多含有三个元素.

解 (1)当M中含有两个元素时,M为$\{2,3\}$;

(2)当M中含有三个元素时,M为$\{2,3,1\}$或$\{2,3,4\}$.

因此,符合条件的集合为$\{2,3\}$,$\{2,3,1\}$或$\{2,3,4\}$,故集合M的个数为3.

例2 判断集合$A=\{x\,|\,|x|=2\}$与集合$B=\{x\,|\,x^2-4=0\}$的关系.

分析 要通过研究两个集合的元素之间的关系来判断这两个集合之间的关系.

解 由$|x|=2$得$x=-2$或$x=2$,所以集合A用列举法表示为$\{-2,2\}$;由$x^2-4=0$得$x=-2$或$x=2$,所以集合B用列举法表示为$\{-2,2\}$;可以看出,这两个集合的元素完全相同,因此$A=B$.

一、选择题

1. 集合$A=\{1,2,3\}$的非空真子集个数是( ).

   A. 5　　　　　B. 6　　　　　C. 7　　　　　D. 8

2. 满足条件$\{1,2\} \subsetneq M \subseteq \{1,2,3,4,5\}$的集合$M$的个数是( ).

   A. 3　　　　　B. 6　　　　　C. 7　　　　　D. 8

3. 对于集合A、B,"$A \subseteq B$不成立"的含义是( ).

   A. B是A的子集　　　　　　　　B. A中的元素都不是B中的元素

   C. A中至少有一个元素不属于B　　D. B中至少有一个元素不属于A

4. 下列命题:

   ①空集没有子集;②任何集合至少有两个子集;

   ③空集是任何集合的真子集;④若$\varnothing \subsetneq A$,则$A \neq \varnothing$.

   其中正确的个数是( ).

   A. 0　　　　　B. 1　　　　　C. 2　　　　　D. 3

5. 下列正确表示集合$M=\{-1,0,1\}$和$N=\{x\,|\,x^2+x=0\}$关系是( ).

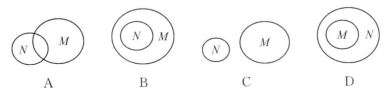

A　　　　　　B　　　　　　C　　　　　　D

6. 若集合 $A=\{x|x>1\}$, $B=\{x|x>m\}$ 且 $B\subseteq A$, 则（　　）．

   A. $m>1$　　　B. $m<1$　　　C. $m\geqslant 1$　　　D. $m\leqslant 1$

7. 集合 $P=\{x|y=\sqrt{x+1}\}$, 集合 $Q=\{y|y=\sqrt{x-1}\}$, 则 P 与 Q 的关系是（　　）．

   A. $P=Q$　　　　　　　　　　B. $Q\subsetneqq P$

   C. $P\subsetneqq Q$　　　　　　　　　　D. $P\cap Q=\varnothing$

8. 集合 $\{(x,y)|y=2x-1\}$ 表示（　　）．

   A. 方程 $y=2x-1$

   B. 点 (x,y)

   C. 平面直角坐标系中的所有点组成的集合

   D. 函数 $y=2x-1$ 图像上的所有点组成的集合

9. 设集合 $A=\{x|x>6\}$, 集合 $B=\{x|x<0\}$, 集合 A、B 之间的关系是（　　）．

   A. $A\subseteq B$　　　B. $A\supseteq B$　　　C. $A\in B$　　　D. $B\in A$

二、填空题

10. 已知 $M=\{x|x\geqslant 2\sqrt{2}, x\in \mathbf{R}\}$, 给定下列关系：①$\pi\in M$；②$\{\pi\}\subsetneqq M$；③$\pi\subsetneqq M$；④$\{\pi\}\in M$. 其中正确的有_____．（填序号）

11. 已知集合 $A=\{x|x^2+2x+m=0\}$ 中只含有一个元素, 则 $m=$ _____．

12. 已知集合 $A\subsetneqq\{2,3,7\}$, 且 A 中至多有 1 个奇数, 则这样的集合共有_____个．

13. 已知 $A=\{a,b\}$, 若 $B=\{x|x\in A\}$. 则集合 B 的个数是_____．

三、解答题

14. 已知集合 $A=\{x|-1<x<1\}$, $B=\{x|x>a\}$ 若 $A\subsetneqq B$, 求 a 的取值范围．

15. 已知集合 $A=\{x|x^2-2x-3=0\}$，$B=\{x|mx-1=0\}$，且 $B\subsetneq A$，求实数 m 的值.

16. 设 $A=\{x|x^2-8x+15=0\}$，$B=\{x|ax-1=0\}$，若 $B\subseteq A$，求实数 a 组成的集合.

17. 已知 $A=\{x,xy,\ln(xy)\}$，$B=\{0,|x|,y\}$，且 $A=B$. 求 x,y 的值.

1.3 集合的运算

学习目标导航

1. 理解并集、交集、全集、补集的含义，会用文字语言、符号语言及图形语言来描述这些概念.

2. 会求集合的并集、交集和补集，并了解并集、交集和补集的一些简单性质.

3. 通过对集合相关知识的学习，体会数学的抽象性及广泛的应用性；通过用韦恩图来描述集合的相关运算，进一步体会数形结合的数学思维.

1.3.1 交集

知识要点梳理

一、交集的概念

文字语言	符号语言	图形语言
由所有属于 A 且属于 B 的元素所组成的集合,称为 A 与 B 的交集	$A\cap B=\{x\mid x\in A$ 且 $x\in B\}$	

二、理解交集的概念必须注意以下三点

(1)"$x\in A$ 且 $x\in B$"的含义是 x 是集合 A 与集合 B 的公共元素.

(2)$A\cap B$ 是由所有属于 A 且属于 B 的元素组成的,而不是部分元素组成的集合.

(3)当集合 A 与集合 B 没有公共元素时,不是 A 与 B 没有交集,而是 $A\cap B=\varnothing$.

三、交集的性质

(1)$A\cap B=B\cap A$； (2)$A\cap A=A$；

(3)$A\cap\varnothing=\varnothing$； (4)$A\cap B\subseteq A,A\cap B\subseteq B$；

(5)若 $A\subseteq B$,则 $A\cap B=A$,即任何集合与它的子集的交集等于其子集.

典型例题剖析

例1 若集合 $A=\{m^2,-5,n+2\}$, $B=\{m^2+1,m-5,2m-1\}$,且 $A\cap B=\{-5\}$,求实数 m 的值.

分析 $A\cap B=\{-5\}$,所以 $-5\in B$,又因为 $m^2+1>0$,所以 $m-5=-5$ 或 $2m-1=-5$.

解 (1)当 $m-5=-5,m=0$ 时,$A=\{0,-5,2\}$,$B=\{1,-5,1\}$,符合题意；

(2)当 $2m-1=-5$,即 $m=2$ 时,$A=\{4,-5,0\}$,$B=\{5,-7,-5\}$,符合题意；

所以 m 的值为 0 或 -2.

课堂小测试

一、选择题

1. 集合 $A=\{x|-1\leqslant x\leqslant 2\}$，$B=\{x|x<1\}$，则 $A\cap B$ 等于（　　）.
   A. $\{x|x<1\}$　　　　　　　　B. $\{x|-1\leqslant x\leqslant 2\}$
   C. $\{x|x-1\leqslant x\leqslant 1\}$　　　D. $\{x|-1<1\}$

2. 已知集合 $M=\{(x,y)|x+y=2\}$，$N=\{(x,y)|x-y=4\}$，那么集合 $M\cap N$ 等于（　　）.
   A. $\{x=3,y=-1\}$　　　　　B. $\{3,-1\}$
   C. $(3,-1)$　　　　　　　　　D. $\{(3,-1)\}$

3. 设集合 $A=\{5,2a\}$，集合 $B=\{a,b\}$，若 $A\cap B=\{2\}$，则 $a+b=$（　　）.
   A. 1　　　　B. 2　　　　C. 3　　　　D. 4

4. 已知 $A=\{x|x>1\}$，$B=\{x|0<x\leqslant 1\}$，则 $A\cap B$ 等于（　　）.
   A. $\{x|x>1\}$　　　　　　　　B. $\{x|0<x\leqslant 3\}$
   C. $\{x|1<x\leqslant 3\}$　　　　　D. $\{x|0<x<1\}$

二、填空题

5. 设集合 $A=\{-1,1,3\}$，$B=\{a+2,a^2+4\}$，$A\cap B=\{3\}$，则实数 $a=$ _____．

6. 已知 $M\cap\{1,2\}=m$，则符合条件的 M 有 _____ 个．

7. 已知 $A\cap B=A$，$B\cap C=B$，则 A _____ C．

三、解答题

8. 设集合 $A=\{(x,y)|y=x+1\}$，$B=\{(x,y)|y=4x\}$，求 $A\cap B$．

9. 已知集合 $A=\{x|x^2+mx+4=0\}$，$B=\{x|x-n=2\}$，且 $A\cap B=\{2\}$，求实数 m,n 的值．

1.3.2 并集

知识要点梳理

一、并集的概念

文字语言	符号语言	图形语言
由所有属于 A 或属于 B 的元素所组成的集合,称为 A 与 B 的并集	$A\cup B=\{x\|x\in A$ 或 $x\in B\}$	

理解并集的概念必须正确理解概念中的"所有"与"或"这两个词语:

(1)对概念中"所有"的理解,不能认为 $A\cup B$ 是由 A 中的所有元素和 B 中的所有元素组成的集合,还要满足集合的互异性,相同的元素即 A 与 B 的公共元素在并集中只能算作一个元素.

(2)并集定义中的"或"与生活用语中的"或"与"和"的意义不全相同. 并集定义中的"$x\in A$ 或 $x\in B$"包含三种情况:① $x\in A$ 但 $x\notin B$;② $x\in B$ 但 $x\notin A$;③ $x\in A$ 且 $x\in B$.

二、并集的性质

(1) $A\cup B=B\cup A$;   (2) $A\cup A=A$;

(3) $A\cup\varnothing=A$;   (4) $A\subseteq A\cup B, B\subseteq A\cup B$;

(5)若 $A\subseteq B$,则 $A\cup B=B$,即任何集合与它的子集的并集等于该集合本身.

典型例题剖析

例1 若集合 $A=\{1,m\}, B=\{1,4,m^2\}$,且 $A\cup B=\{1,4,m^2\}$,求实数 m 的值.

分析 由 $A\cup B=B$,可知 $A\subseteq B$,于是 $m\in B$.

解答 因为 $A\cup B=B$,所以 $A\subseteq B$,从而 $m\in B$,于是有 $m=4$ 或 $m=m^2$.

(1)当 $m=4$ 时,$A=\{1,4\}, B=\{1,4,16\}$,符合题意;

(2)当 $m=m^2$ 时,$m=0$ 或 $m=1$,若 $m=0$ 时,$B=\{1,4,-1\}$,不符合题意;

所以 m 的值为 4 或 0.

课堂小测试

一、选择题

1. 若集合 $A=\{0,1,2,3\}$，$B=\{1,2,4\}$，则集合 $A\cup B$ 等于（   ）.
   A. $\{0,1,2,3,4\}$ B. $\{1,2,3,4\}$
   C. $\{1,2\}$ D. $\{0\}$

2. 集合 $M=\{1,2,3,4,5\}$，集合 $N=\{1,3,5\}$，则（   ）.
   A. $N\in M$ B. $M\cup N=M$ C. $M\cap N=M$ D. $M>N$

3. 设集合 $A=\{a,b\}$，$B=\{a+1,5\}$，若 $A\cap B=\{2\}$，则 $A\cup B=$（   ）.
   A. $\{1,2\}$ B. $\{1,5\}$ C. $\{2,5\}$ D. $\{1,2,5\}$

4. $A=\{x|x-1=0\}$，且 $A\cup B=A$，则 $B=$（   ）.
   A. $\{1\}$ B. $\varnothing$ C. $\{0\}$ D. $\varnothing$ 或 $\{1\}$

二、填空题

5. 设集合 $A=\{-3,0,1\}$，$B=\{t^2-t+1\}$，若 $A\cup B=A$，则 $t=$ _____.

6. 设集合 $A=\{x|-1\leqslant x\leqslant 2\}$，$B=\{x|-1<x\leqslant 4\}$，$C=\{x|-3<x<2\}$，则集合 $A\cap (B\cup C)=\{x|a\leqslant x\leqslant b\}$，则 $a=$ _____，$b==$ _____.

7. 设 $A=\{x|x\geqslant -1\}$，$B=\{x|x>3\}$，则 $A\cup B=$ _____.

三、解答题

8. 已知 $\{a,b\}\cup A=\{a,b,c,d\}$，写出满足条件的集合 A.

9. 已知 $A=\{x|2\leqslant x\leqslant 6\}$，$B=\{x|a-3\leqslant x\leqslant 2a-5\}$，且 $A\cup B=\{x|a-3\leqslant x\leqslant 6\}$，求 a 的取值范围.

1.3.3 补集

知识要点梳理

一、全集的概念

如果一个集合含有我们所研究问题中涉及的所有元素,则称这个集合为全集,通常用 U 表示.

二、补集的概念

文字语言	符号语言	图形语言
设 U 是一个全集,A 是 U 的一个子集,由 U 中所有不属于 A 的元素组成的集合,称为 U 中子集 A 的补集	$C_U A = \{x \mid x \in U$ 且 $x \notin A\}$	U A $C_U A$

由补集的定义可知,从全集 U 中去掉所有属于 A 的元素,剩下的元素组成集合是全集 U 中子集 A 的补集,记作:$C_U A$.

三、补集的性质

(1) $C_U(C_U A) = A$;　　(2) $C_U U = \varnothing$;　　(3) $C_U \varnothing = U$;

(4) $A \cup C_U A = U$;　　(5) $A \cap C_U A = \varnothing$.

典型例题剖析

例1 已知集合 $U = \{0, 2, 3-a^2\}$,$A = \{2, a^2-a-2\}$,且 $C_U A = \{-1\}$,求实数 a 的值.

分析 由题意可知,$-1 \in U$ 且 $-1 \notin A$.

解答 因为 $C_U A = \{-1\}$,所以 $-1 \in U$,$-1 \notin A$,且 $A \subseteq U$.

于是,有 $\begin{cases} 3-a^2 = -1 \\ a^2-a-2 = 0 \end{cases}$,解之得 $a = 2$.

当 $a = 2$ 时,$A = \{2, 0\}$,$U = \{0, 2, -1\}$,符合题意.

因此,实数 a 的值为 2.

课堂小测试

一、选择题

1. 若集合 $U = \{x \mid x \leqslant 6, x \in Z\}$,$A = \{1, 3, 5\}$,$B = \{4, 5, 6\}$,则 $(C_U A) \cap B = ($ 　　$)$.

A. {4,6}　　　　B. {5}　　　　C. {1,3}　　　　D. {0,2}

2. 若集合 $A=\{$参加北京奥运会比赛的运动员$\}$，$B=\{$参加北京奥运会比赛的男运动员$\}$，$C=\{$参加北京奥运会比赛的女运动员$\}$，则下列关系正确的是(　　).

A. $A\subseteq B$　　　B. $B\subseteq C$　　　C. $A\cap B=C$　　　D. $B\cup C=A$

3. 设 $U=\mathbf{R}$，$P=\{x|1\leqslant x\leqslant 3\}$，$Q=\{x|x\leqslant -2 \text{ 或 } x\geqslant 2\}$，则 $P\cap(C_UQ)=(\quad)$.

A. $\{x|2\leqslant x\leqslant 3\}$　　　　　　B. $\{x|-2\leqslant x\leqslant 3\}$

C. $\{x|1\leqslant x<2\}$　　　　　　D. $\{x|x\leqslant -2 \text{ 或 } x\geqslant 1\}$

4. 下列各式错误的是(　　).

A. $A\subseteq A\cup B$　　　　　　B. 若 $a\in A$，则 $\{a\}\subseteq A\cup B$

C. $A\cap C_UA=\varnothing$　　　　　　D. $A\cap C_U(A\cap B)=A$

二、填空题

5. $U=\{1,2,3,4,5\}$，$A=\{1,2,4\}$，$B=\{2,3\}$，则 $(C_UA)\cup(C_UB)=$ _____ .

6. 设全集 $U=\{x|x<9 \text{ 且 } x\in\mathbf{N}\}$，$A=\{2,4,6\}$，$B=\{0,1,2,3,4,5,6\}$，则 $C_UA=$ _____ ，$C_UB=$ _____ .

7. 设 $U=R$，$A=\{x|1\leqslant x<3\}$，则 $C_UA=$ _____ .

三、解答题

8. 已知集合 $A=\{x|-3<x<3\}$，$B=\{x|0\leqslant x<2\}$，求 $A\cap B$，$A\cup B$，C_UA.

9. 已知集合 $A=\{x|x^2+mx+12n=0\}$，$B=\{x|x^2-mx+n=0\}$，且 $B\cap(C_UA)=\{-2\}$，$A\cap(C_UB)=\{4\}$，$U=\mathbf{R}$，求实数 m 和 n 的值.

10. 设全集是数集 $U=\{2,3,a^2+2a-3\}$，已知 $A=\{b,2\}$，$C_UA=\{5\}$，求实数 a,b 的值.

第1章检测题

★★★

总分:120分 时间:120分钟 得分:_____分

一、选择题(本大题共14小题,每小题3分,共42分.在每小题给出的四个选项中,只有一项是符合题目要求的.)

1. 下列各项中正确的是(　　)

   A. $0\in\varnothing$　　B. $0\subseteq\{0\}$　　C. $\varnothing\notin\{\varnothing\}$　　D. $\varnothing\subseteq\{0\}$

2. 若集合 $A=\{(3,4),(4,3)\}$,则集合 A 中元素的个数是(　　)

   A. 1　　B. 2　　C. 3　　D. 4

3. 下列集合为空集的是(　　)

   A. $\{x\,|\,|x|\leqslant 0\}$　　B. $\{y\,|\,y=\sqrt{-x},x\in\mathbf{N}\}$

   C. $\{x\,|\,x^2+1=0,x\in\mathbf{R}\}$　　D. $\{x\,|\,x>0\}$

4. 集合 $A=\{x\,|-1<x\leqslant 3,x\in\mathbf{N}\}$ 的真子集的个数是(　　)

   A. 16　　B. 15　　C. 24　　D. 25

5. 设集合 $U=\{1,2,3,4,5\}$,$A=\{1,3\}$,$B=\{2,3,4\}$,则 $(C_UA)\cap(C_UB)=$(　　)

   A. $\{1\}$　　B. $\{5\}$　　C. $\{2,4\}$　　D. $\{1,2,4,5\}$

6. 下列命题为真命题的是(　　)

   A. $\{(1,2)\}$ 与 $\{x\,|\,1<x<2\}$ 是同一个集合

   B. 集合 $\{x\,|\,1\leqslant x\leqslant 3\}$ 与集合 $\{1,2,3\}$ 相等

   C. 0 不是数集 $\mathbf{N}$ 中最小的数

   D. 某校一年级数学成绩好的同学不能组成一个集合

7. 若集合 $A=\{x\,|-1\leqslant x<3\}$,$B=\{x\,|\,x\leqslant m\}$,且 $A\cap B=\varnothing$,则(　　)

   A. $m\geqslant -1$　　B. $m>-1$　　C. $m<3$　　D. $-1\leqslant m\leqslant 3$

8. 满足条件 $\{1,2,3\}\subsetneqq M\subseteq\{1,2,3,4,5,6\}$ 的集合 M 的个数是(　　)

   A. 8　　B. 7　　C. 6　　D. 5

9. 若集合 $A=\{x\,|\,x^2\leqslant 0\}$,则下列结论中正确的是(　　)

   A. $A=0$　　B. $0\subseteq A$　　C. $A=\varnothing$　　D. $\varnothing\subseteq A$

10. 下列五个写法中①$\{0\}\in\{0,1,2\}$,②$\varnothing\subsetneqq\{0\}$,③$\{0,1,2\}\subseteq\{1,2,0\}$,④$0\in\varnothing$,⑤$0\cap\varnothing=\varnothing$,错误的写法个数是(　　)

A. 1个　　　　　B. 2个　　　　　C. 3个　　　　　D. 4个

11. 若集合 $M=\{y|y=2^{-x}\}$, $P=\{y|y=\sqrt{x-1}\}$, 则 $M\cap P$ 等于(　　)

    A. $\{y|y>1\}$　　B. $\{y|y\geq 1\}$　　C. $\{y|y>0\}$　　D. $\{y|y\geq 0\}$

12. 不等式组 $\begin{cases} x^2-1<0 \\ x^2-3x<0 \end{cases}$ 的解集是(　　)

    A. $\{x|-1<x<1\}$　　　　B. $\{x|0<x<3\}$

    C. $\{x|0<x<1\}$　　　　D. $\{x|-1<x<3\}$

13. 已知全集 $M=\left\{a\left|\dfrac{6}{5-a}\in \mathbf{N}, a\in \mathbf{Z}\right.\right\}$, 则 $M=(\ )$

    A. $\{2,3\}$　　B. $\{1,2,3,4\}$　　C. $\{1,2,3,6\}$　　D. $\{-1,2,3,4\}$

14. 集合 $M=\{x|x^2+2x-a=0, x\in \mathbf{R}\}$, 且 $\varnothing \subsetneq M$, 则实数 a 的范围(　　)

    A. $a\leq -1$　　B. $a\leq 1$　　C. $a\geq -1$　　D. $a\geq 1$

二、填空题(本大题共 9 小题,每小题 3 分,共 27 分.)

15. 满足 $\{a,b\}\cup A=\{a,b,c\}$ 的所有集合 A 的个数是_____.

16. 设全集 $U=\{a,b,c,d,e,f,g\}$, 集合 $M=\{a,b,d\}$, $N=\{b,c,e\}$, 则集合 $(C_U A)\cap (C_U B)=$_____.

17. 若 $a\in \{1,2,a^2\}$, 则 $a=$_____.

18. 已知集合 $A=\{x|x^2-5x+p=0\}$, $B=\{x|x^2-qx+15=0\}$, 且 $A\cup B=\{2,3,5\}$, 则 $A\cap B=$_____.

19. 调查某班 50 名学生,音乐爱好者 40 名,体育爱好者 24 名,则两方面都爱好的人数最少是_____,最多是_____.

20. 已知集合 $A=\{x\in \mathbf{R}|x^2+2ax+2a^2-4a+4=0\}$, 若 $\varnothing \subsetneq A$, 则实数 a 的取值是_____.

21. 已知 $A=\{x|x<3\}$, $B=\{x|x<a\}$,

    (1)若 $B\subseteq A$, 则实数 a 的取值是_____.

    (2)若 $A\subsetneq B$, 则实数 a 的取值是_____.

22. 若 $\{1,2,3\}\subsetneq A\subseteq \{1,2,3,4\}$, 则 $A=$_____.

23. 已知集合 $A=\{x|x\leq 2\}$, $B=\{x|x>m\}$, 如果 $A\cup B=\mathbf{R}$, 那么 m 的取值范围是_____.

三、解答题(本大题共5小题,24～26题每小题9分,27、28题每小题12分,共51分.解答应写出文字说明或演算步骤.)

24. 已知全集 $U=\mathbf{R}$,集合 $A=\{x|-1<x<2\}$, $B=\{x|-2<x\leq 2\}$,求:

(1) $A\cap B, A\cup B$; (2) $(C_U A)\cap B$.

25. 已知集合 $M=\{x|-3<x<8\}, N=\{x|x>a\}$.

(1)若 $M\subseteq N$,求实数 a 的取值范围;

(2)若 $M\cap N=\varnothing$,求实数 a 的取值范围.

26. 设全集 $U=\{2,3,m^2+2m-3\}$,集合 $A=\{2m-1,2\}$,且 $C_U A=\{5\}$,求实数 m 的值.

27. 已知集合 $A=\{-4,2a-1,a^2\}$, $B=\{a-5,1-a,9\}$, $A\cap B=\{9\}$,求 a 的值.

28. 设 $A=\{x|x^2-8x+15=0\}$, $B=\{x|ax-1=0\}$,若 $B\subseteq A$,求实数 a 组成的集合.

第 2 章　不等式

知识构架

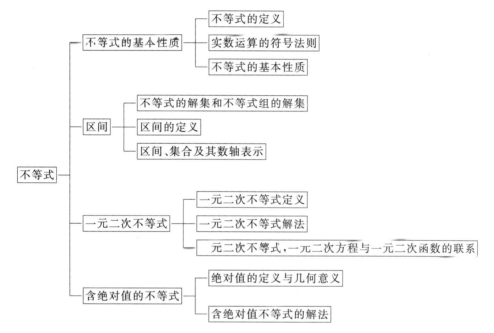

2.1 不等式的基本性质

学习目标导航

1. 了解不等式的定义和实数运算的符号法则.
2. 熟练掌握比较两实数大小的最基本方法——作差法.
3. 理解不等式的三个基本性质,即不等式的传递性、加法性质和乘法性质.
4. 会运用实数运算的符号法则、作差法和不等式的基本性质解决生活中的实际问题.

2.1.1 实数的大小

知识要点梳理

一、不等式的定义

用不等号($>$,$<$,$\geq$,$\leq$ 或 $\neq$)表示不等关系的式子叫做不等式. 如 $a>b$,$a<b$,$a\geq b$,$a\leq b$.

二、实数运算的符号法则

对于两个实数 a 和 b,则有 $a>b \Leftrightarrow a-b>0$,$a=b \Leftrightarrow a-b=0$,$a<b \Leftrightarrow a-b<0$. 根据实数运算的符号法则,要比较两个实数 a 与 b 的大小,只需判断它们的差 $a-b$ 的符号,这种比较实数大小的方法,叫作差比较法.

典型例题剖析

例1 已知 $a<b<0$,比较 a^2b 与 ab^2 的大小关系.

分析 可用作差法并借助因式分解来判断乘积式的符号,进而得到差式的符号.

解答 $a^2b-ab^2=ab(a-b)$,

因为 $a<b<0$,所以 $ab>0$,$a-b<0$,$ab(a-b)<0$.

因此,$a^2b<ab^2$.

一、选择题

1. 若 $m=(x+2)(x+4)$, $n=(x+3)^2$,则 m 与 n 的大小关系是(   ).

   A. $m>n$　　　　B. $m=n$　　　　C. $m<n$　　　　D. 与 x 有关

2. 若 $a+b>0$ 且 $b<0$,则 $a-b$ 的值(   ).

   A. 大于 0　　　　B. 小于 0　　　　C. 等于 0　　　　D. 不能确定

二、解答题

1. 比较 $(x+1)(x+2)$ 与 $(x-3)(x+6)$ 的大小.

2. 设 $a\in\mathbf{R}$,比较 a^2+5 与 $2a-8$ 的大小.

2.1.2　不等式的基本性质

一、不等式的基本性质

1. 性质 1(不等式的传递性)

   如果 $a>b$, $b>c$,那么 $a>c$.

2. 性质 2(不等式的加法性质)

   如果 $a>b$,那么 $a+c>b+c$.

即不等式的两边都加上或减去同一个实数,所得不等式与原不等式同向.

3. 性质3(不等式的乘法性质)

如果 $a>b, c>0$,那么 $ac>bc$;

如果 $a>b, c<0$,那么 $ac<bc$.

即不等式两边乘以或除以同一个正数,所得不等式与原不等式同向;不等式两边乘以或除以同一个负数,所得不等式与原不等式反向. 例如,若 $x>y$,则 $3x>3y$,$-3x<-3y$.

4. 推论1:如果 $a>b, c>d$,那么 $a+c>b+d$;

如果 $a+b>c$,那么 $a>c-b$.

此性质是不等式移项的理论基础,不等式中任何一项改变符号后,可以把它从不等式的一边移到另一边.

推论2:如果 $a>b>0, c>d>0$,那么 $ac>bd$;

如果 $a>b>0$,那么 $a^n>b^n$ ($n>1, n\in \mathbf{N}^+$);

如果 $a>b>0$,那么 $\sqrt[n]{a}>\sqrt[n]{b}$ ($n>1, n\in \mathbf{N}^+$);

典型例题剖析

例1 下例命题为真命题的是( )

A. 若 $a>b$,则 $a-3>b-2$
B. 若 $a>b$,则 $ac^2>bc^2$
C. 若 $a<b$,则 $\dfrac{1}{a}>\dfrac{1}{b}$
D. 若 $a>b$,则 $a(a-b)>b(a-b)$

解答 在 A 中,$a>b$,$-3<-2$,不满足不等式加法性质,所以 A 不正确;在 B 中,由于 $c^2\geq 0$,应为 $ac^2\geq bc^2$,所以 B 不正确;在 C 中,$a<b$,ab 的符号不定,当 $ab>0$ 时,有 $\dfrac{a}{ab}<\dfrac{b}{ab}$,即 $\dfrac{1}{a}>\dfrac{1}{b}$,当 $ab<0$ 时,有 $\dfrac{a}{ab}>\dfrac{b}{ab}$,即 $\dfrac{1}{a}<\dfrac{1}{b}$ 所以 C 不正确;在 D 中,因为 $a>b$,所以 $a-b>0$,由可乘性知 $a(a-b)>b(a-b)$,所以 D 正确,故选 D.

一、选择题

1. 已知 $a, b, c \in \mathbf{R}$,则下面选项中正确的是( ).

A. $a<b \Rightarrow ac^2<bc^2$
B. $\dfrac{a}{c}>\dfrac{b}{c} \Rightarrow a>b$
C. $a^3>b^3, ab<0 \Rightarrow \dfrac{1}{a}>\dfrac{1}{b}$
D. $a^2>b^2, ab>0 \Rightarrow \dfrac{1}{a}>\dfrac{1}{b}$

2. 如果 a,b,c 满足 $c<b<a$ 且 $ac<0$，那么下列选项中不一定成立的是（　　）.

　　A. $ab>ac$　　　　B. $cb^2<ab^2$　　　　C. $c(b-a)>0$　　　　D. $ac(a-c)<0$

3. 已知 $a<b<0$，则下列不等式成立的是（　　）.

　　A. $a^2<b^2$　　　　B. $\dfrac{a}{b}<1$　　　　C. $|a|<|b|$　　　　D. $a^3<b^3$

4. 下列说法正确的是（　　）.

　　A. 如果 $a+b<2b$，则 $a<b$　　　　B. 如果 $a>b$，则 $|a|>|b|$

　　C. 如果 $a>b$，则 $a^2>b^2$　　　　D. 如果 $ab<b^2$，则 $a<b$

5. 如果 $a>b,c>d$，那么（　　）.

　　A. $a+d>b+c$　　　　B. $a+b>c+d$

　　C. $a+c-d<b$　　　　D. $b+d<a+d$

6. 若 a,b 是任意实数，且 $a>b$，则（　　）.

　　A. $a^2>b^2$　　　　B. $\dfrac{a}{b}>1$　　　　C. $\ln a>\ln b$　　　　D. $2^{-a}<2^{-b}$

7. 已知 $a<b<0$，则下列不等式成立的是（　　）.

　　A. $a^2<b^2$　　　　B. $\dfrac{a}{b}>1$　　　　C. $|a|<|b|$　　　　D. $a^3>b^3$

二、填空题

8. 若 $1-4x>5$，则 $x<$ _____ .

9. 若 $\dfrac{a}{c^2}>\dfrac{b}{c^2}$，则 a,b 的大小关系为 _____ .

10. 不等式 $a<b<0$，且 $c<d<0$ 则 ac _____ bd.

11. 若 $a+b>0,c<0,bc>0$，则 a 是 _____ 数（填"正""负"）.

三、解答题

12. 设 x,y 为两个不相等的实数，判断 x^2-xy 与 $xy-y^2$ 的大小.

13. 判断 $m=(x+1)(x+5)$ 与 $n=(x+3)^2$ 的大小关系.

2.2 区间

学习目标导航

1. 了解不等式的解集和不等式组的解集的含义.
2. 理解区间的概念,会用区间表示不等式和不等式组的解集.
3. 理解集合、区间及其数轴表示的联系与区别.

知识要点梳理

一、不等式的解集和不等式组的解集

1. 一个含有未知数的不等式的所有解,叫做这个不等式的解集.
2. 由几个不等式可以组成不等式组,这几个不等式的解集的交集,叫做这个不等式组的解集.

不等式的解集和不等式组的解集常用集合或区间表示,也可以用数轴表示.

二、区间的定义

设 $a,b\in\mathbf{R}$,且 $a<b$,我们规定:

(1)满足不等式 $a\leqslant x\leqslant b$ 的所有实数 x 的集合,叫做闭区间,表示为 $[a,b]$.

(2)满足不等式 $a<x<b$ 的所有实数 x 的集合,叫做开区间,表示为 (a,b).

(3)满足不等式 $a\leqslant x<b$ 或 $a<x\leqslant b$ 的所有实数 x 的集合,叫做半开半闭区间,分别表示为 $[a,b)$ 或 $(a,b]$.

(4)实数集 $\mathbf{R}$ 可以用区间表示为 $(-\infty,+\infty)$,符号"∞"不是一个具体的数,读作"无穷大","$-\infty$"读作"负无穷大",表示左端点可以任意小,但写不出具体的数;"$+\infty$"读作"正无穷大." 我们把满足不等式 $x\geqslant a,x>a,x\leqslant b,x<b$ 的实数 x 的集合用区间表示分别为 $[a,+\infty),(a,+\infty),(-\infty,b],(-\infty,b)$.

三、区间、集合及其数轴表示(几何表示)

集合和区间一般都可以用数轴表示,用数轴表示集合或区间时,用实心点表示包含在集合或区间内的端点,用空心点表示不包含在集合或区间内的端点,如表 2.2-1 所示.

表 2.2-1 区间、集合及其数轴表示

集合	区间	数轴表示
$\{x\mid a\leqslant x\leqslant b\}$	$[a,b]$	
$\{x\mid a<x<b\}$	(a,b)	
$\{x\mid a\leqslant x<b\}$	$[a,b)$	
$\{x\mid a<x\leqslant b\}$	$(a,b]$	
$\{x\mid x\geqslant a\}$	$[a,+\infty)$	
$\{x\mid x>a\}$	$(a,+\infty)$	
$\{x\mid x\leqslant b\}$	$(-\infty,b]$	
$\{x\mid x<b\}$	$(-\infty,b)$	

理解区间的概念要注意以下三点：

(1)区间符号内左右两端之间用逗号隔开.

(2)以"$-\infty$"或"$+\infty$"为区间一端时,这一端必须用小括号.如$(-\infty,+\infty)$,不能写成$[-\infty,+\infty]$.

(3)区间是实数集及其子集的另一种表示形式,区间的左端必须小于右端,区间只能表示连续的数集.

典型例题剖析

例 1 用区间表示下列集合：

(1)$\{x\mid-8\leqslant x<3\}$；　　(2)$\{x\mid x\leqslant 3$ 且 $x\neq 0\}$.

分析 由区间的定义即可表示出来.

解答 (1)$\{x\mid-8\leqslant x<3\}=[-8,3)$;

(2)$\{x\mid x\leqslant 3$ 且 $x\neq 0\}=(-\infty,0)\cup(0,3]$.

例 2 用集合表示下列区间

(1)$(-3,5]$；(2)$[-1,+\infty)$.

分析 这两个区间都是实数集的子集,可用表示集合的描述法来表示.

解答 (1)$(-3,5]=\{x\mid-3<x\leqslant 5\}$;

(2)$[-1,+\infty)=\{x\mid x\geqslant-1\}$.

例 3 已知集合 $A=(-\infty,0]$, $B=(-1,4)$,全集 $U=\mathbf{R}$,求：

(1)$A\cup B$；(2)$(\complement_U A)\cap B$；(3)$(\complement_U A)\cap(\complement_U B)$

分析 用集合的运算的定义结合集合 A、B 的数轴表示来解答.

解答 由集合 A、B 的数轴表示(图 2.2-1),得

(1) $A \cup B = (-\infty, 4)$;

(2) $C_U A = (0, +\infty)$,$(C_U A) \cap B = (0, 4)$;

(3) $C_U B = (-\infty, -1] \cup (4, +\infty)$,$(C_U A) \cap (C_U B) = [4, +\infty)$.

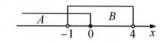

图 2.2-1

课堂小测试

一、选择题

1. 用区间表示集合 $\{x | x \leqslant -1\}$,正确的是( ).

    A. $(-\infty, -1)$ B. $(-\infty, -1]$

    C. $(-1, +\infty)$ D. $[-1, +\infty)$

2. 与 $\{x | -7 \leqslant x < 0\}$ 是同一个集合的是( ).

    A. $(-7, 0)$ B. $(-7, 0]$ C. $[-7, 0)$ D. $[-7, 0]$

3. 区间 $[m, n]$ 可用集合表示为( ).

    A. $\{x | m < x < n\}$ B. $\{x | m \leqslant x \leqslant n\}$

    C. $\{x | n < x < m\}$ D. $\{x | n \leqslant x \leqslant m\}$

4. 设全集 $U = \mathbf{R}$,集合 $A = (-1, 3]$,则 $C_U A = ($).

    A. $(-\infty, -1]$ B. $(3, +\infty)$

    C. $(-\infty, 1] \cup (3, +\infty)$ D. $(-\infty, -1] \cup (3, +\infty)$

5. 下列不等式组解集为空集的是( ).

    A. $\begin{cases} x > 5 \\ x \geqslant 6 \end{cases}$ B. $\begin{cases} x - 2 < 6 \\ x \geqslant 4 \end{cases}$ C. $\begin{cases} 1 - x > 0 \\ x + 2 \geqslant 2 \end{cases}$ D. $\begin{cases} x > 4 \\ x \leqslant 1 \end{cases}$

6. 设集合 $M = \{x | x \leqslant 5\}$,$N = \{x | x \geqslant 3\}$,则 $M \cap N = ($).

    A. $[3, +\infty)$ B. $(-\infty, 5]$ C. $[3, 5]$ D. $\varnothing$

二、填空题

7. 集合 $A = \{x | x \geqslant 0\}$ 可用区间表示为_____.

8. 不等式组 $\begin{cases} \dfrac{1}{3}x + 3 \geqslant 1 \\ 3x - 6 < 3 \end{cases}$ 的解集用区间表示是_____.

9. 已知集合 $A=(2,4)$，集合 $B=(0,3)$，则 $A \cap B=$ _____.

三、解答题

10. 用区间表示下列不等式组的解集：

(1) $\begin{cases} x-4 \geqslant -2-x \\ 2x+8 < 14+x \end{cases}$；

(2) $\begin{cases} -3x \geqslant 5-2x \\ x+1 \leqslant -\dfrac{1}{3}x \end{cases}$

11. 设全集 $U=(-5,5]$，全集 $A=[-2,1)$，集合 $B=(0,3]$.

(1) 求 $C_U A$；

(2) 求 $C_U B$.

12. 设全集为 $U=\{x \mid -1 < x < 12\}$，$A=\{x \mid 3 < x < 5\}$，用区间表示 $C_U A$.

2.3 一元二次不等式

1. 了解一元二次不等式的概念.
2. 掌握一元二次不等式的解法.
3. 理解一元二次不等式、一元二次方程与二次函数的联系.

一、一元二次不等式及其解法

1. 一元二次不等式的定义

形如 $ax^2+bx+c>0(\geq 0)$ 或 $ax^2+bx+c<0(\leq 0)$（其中 a,b,c 为常数，且 $a\neq 0$）的不等式，叫做一元二次不等式. 例如 $x^2+4x>0$，$3x^2-2x-1<0$ 等.

2. 一元二次不等式的解法

(1) 将不等式的右边化为零，左边化为二次项系数大于 0，$ax^2+bx+c>0(a>0)$ 或 $ax^2+bx+c<0(a>0)$.

(2) 求出相应的一元二次方程的根.

(3) 利用二次函数图像与 X 轴的交点确定解集.

二、一元二次不等式、一元二次方程与二次函数的联系

利用数形结合的思想，不难发现一元二次不等式的解集与二次函数的图像、一元二次方程的根之间有着密切的联系.

从函数的观点来看，一元二次不等式 $ax^2+bx+c>0(a>0)$ 的解集，就是二次函数 $y=ax^2+bx+c(a>0)$ 的图像在 x 轴上方部分的点的横坐标 x 的值集合；$ax^2+bx+c<0(a>0)$ 的解集，则是二次函数 $y=ax^2+bx+c(a>0)$ 的图像在 x 轴下方部分的点的横坐标 x 的值的集合.

从方程的观点来看，二次函数的图像与 x 轴的交点的横坐标是一元二次方程的根. 一元二次不等式 $ax^2+bx+c>0(a>0)$ 的解集，则是小于小根或大于大根的数集；$ax^2+bx+c<0(a>0)$ 的解集，则是大于小根且小于大根的数集.

一元二次不等式、一元二次方程与二次函数的联系可用表 2.3-1 来表示.

表 2.3-1

$\Delta=b^2-4ac$	$\Delta>0$	$\Delta=0$	$\Delta<0$
二次函数 $y=ax^2+bx+c(a>0)$ 的图像	(图像，x_1, x_2)	(图像，$x_1=x_2$)	(图像)
一元二次方程 $ax^2+bx+c=0$ 的根	$x_{1,2}=\dfrac{-b\pm\sqrt{b^2-4ac}}{2a}$	$x_{1,2}=\dfrac{-b}{2a}$	$\varnothing$
$ax^2+bx+c>0(a>0)$	$\{x\mid x<x_1 \text{ 或 } x>x_2\}$	$\left\{x\mid x\neq -\dfrac{b}{2a}\right\}$	**R**
$ax^2+bx+c<0(a>0)$	$\{x\mid x_1<x<x_2\}$	$\varnothing$	$\varnothing$
$ax^2+bx+c\geqslant 0(a>0)$	$\{x\mid x\leqslant x_1 \text{ 或 } x\geqslant x_2\}$	**R**	**R**
$ax^2+bx+c\leqslant 0(a>0)$	$\{x\mid x_1\leqslant x\leqslant x_2\}$	$\left\{x\mid x=-\dfrac{b}{2a}\right\}$	$\varnothing$

由上表不难看出，一元二次不等式 $ax^2+bx+c>0$ 对一切实数 x 恒成立的条件是 $\begin{cases}a>0\\ \Delta<0\end{cases}$，一元二次不等式 $ax^2+bx+c<0$ 对一切实数 x 恒成立的条件是 $\begin{cases}a<0\\ \Delta<0\end{cases}$

对于二次项系数是负数的不等式，要先将二次项系数化为正数（将不等式两边同乘以 -1），再求解.

典型例题剖析

例1 已知不等式 $ax^2+bx+1>0$ 的解集为 $\left\{x\mid -\dfrac{1}{3}<x<\dfrac{1}{2}\right\}$，求 a 和 b 的值.

分析 由已知不等式及其解集可知 $a<0$，且方程 $ax^2+bx+1=0$ 的两根为 $-\dfrac{1}{3}$ 和 $\dfrac{1}{2}$.

解答 由题意可知，$-\dfrac{1}{3}$ 和 $\dfrac{1}{2}$ 是方程 $ax^2+bx+1=0$ 的两根，由韦达定理有

$$\begin{cases}-\dfrac{b}{a}=-\dfrac{1}{3}+\dfrac{1}{2}\\ \dfrac{1}{a}=-\dfrac{1}{3}\times\dfrac{1}{2}\end{cases}$$，解之得 $\begin{cases}a=-6\\ b=1\end{cases}$，

因此,实数 a 和 b 的值分别是 -6 和 1.

例 2 已知关于 x 的不等式 $mx^2+mx-(m+1)<0$ 的解集是 $\mathbf{R}$,求实数 m 的取值范围.

解答 当 $m=0$ 时,原不等式为:$-1<0$ 恒成立,解集为 $\mathbf{R}$;

当 $m>0$ 时,抛物线 $y=mx^2+mx-(m+1)$ 开口向上,故 $mx^2+mx-(m+1)<0$ 的解集不是 $\mathbf{R}$;

当 $m<0$ 时,由题意知:$\Delta=m^2+4m(m+1)=5m^2+4m<0$,即 $m\in\left(-\dfrac{4}{5},0\right)$;

综上所述:$m\in\left(-\dfrac{4}{5},0\right]$.

点评 本题利用二次函数的图像、二次方程与二次不等式解集的关系,得出 $\Delta<0$,然后通过求解含有 m 的不等式得出结果.

课堂小测试

一、选择题

1. 若关于 x 的方程 $x^2-2ax+4=0$ 有实根,则实数 a 的取值范围是( )
   A. $a\geqslant 2$　　　B. $a\leqslant -2$　　　C. $a>2$ 或 $a<-2$　　D. $a\geqslant 2$ 或 $a\leqslant -2$

2. 不等式 $ax^2-bx+3>0$ 的解集是 $(-3,1)$,则 $a-b=$( )
   A. -3　　　B. -1　　　C. -2　　　D. 2

3. 若不等式 $ax^2+2x+1<0$ 的解集为 $\varnothing$,则( )
   A. $-1<a<1$　　B. $a\leqslant -1$　　C. $a\geqslant 1$　　D. $a>1$ 或 $a<-1$

4. 若不等式 $ax^2+bx+c>0(a\neq 0)$ 的解集为 $\varnothing$,则( )
   A. $a<0,b^2-4ac>0$　　　　　　B. $a<0,b^2-4ac\leqslant 0$
   C. $a>0,b^2-4ac\leqslant 0$　　　　D. $a>0,b^2-4ac<0$

5. 已知二次方程 $ax^2+bx+c=0$ 的两根是 1 和 5,若 $a>0$,那么 $ax^2+bx+c>0$ 的解集是( ).
   A. $\{x|x<1\text{ 或 }x>5\}$　　　　B. $\{x|x<-5\text{ 或 }x>1\}$
   C. $\{x|1<x<5\}$　　　　　　　D. $\{x|-1<x<5\}$

二、填空题

6. 不等式 $ax^2-bx+8>0$ 的解集是 $(-2,4)$,则 $a+b=$ _____.

7. 不等式 $kx^2-2kx+1<0$ 的解集为空集,则 k 的值为 _____.

8. 不等式 $ax^2+ax+4>0$ 的解集是实数,则 a 的取值范围是 _____.

9. 关于 x 的不等式 $ax^2-8ax+21<0$ 的解集为 $\{x|1<x<7\}$，则 $a=$ _____.

10. 若 $m<-1$，则关于 x 的不等式 $m(x-m)\left(x-\dfrac{1}{m}\right)<0$ 的解集为 _____.

三、解答题

11. 若方程 $x^2-(k-3)x+k=0$ 有实数根，求实数 k 的取值范围.

12. 已知函数 $y=ax^2+(a-1)x+(a-1)$ 的值恒小于 0，求实数 a 的取值范围.

13. 已知 $ax^2-2x+b>0$ 的解集是 $\{x|-1<x<3\}$，求 $ax^2+2x+b>0$ 的解集.

2.4 含绝对值的不等式

学习目标导航

1. 理解绝对值的概念.
2. 掌握含绝对值的不等式 $|ax+b|<c$(或$>c$)的解法.
3. 体会等价转换的数学思想方法在解决数学问题中的意义.

知识要点梳理

一、绝对值的定义和几何意义

1. 绝对值的定义

一个数的绝对值是非负数,即:$|a|=\begin{cases}a, a\geqslant 0\\-a, a<0\end{cases}$

2. 绝对值的几何意义

$|a|$ 的几何意义是数轴上表示实数 a 的点到原点的距离,如 $|x|=1$,则表示数 x 的点与原点的距离为 1,所以 $x=1$ 或 $x=-1$.由绝对值的几何意义可知,不等式 $|x|<1$ 的解集就是数轴上与原点的距离小于 1 的点的集合,即 $\{x|-1<x<1\}$.

二、含绝对值不等式的解法

1. 不等式 $|x|>a(a>0)$ 的解集是 $\{x|x<-a\ 或\ x>a\}$;

不等式 $|x|<a(a>0)$ 的解集是 $\{x|-a<x<a\}$.

2. 不等式 $|x|\geqslant a(a>0)$ 的解集是 $\{x|x\leqslant -a\ 或\ x\geqslant a\}$;

不等式 $|x|\leqslant a(a>0)$ 的解集是 $\{x|-a\leqslant x\leqslant a\}$.

特别地,

$|x|>0$ 的解集为 $\{x|x\in \mathbf{R}\ 且\ x\neq 0\}$,$|x|<0$ 的解集为空集;

$|x|\geqslant 0$ 的解集为 $\{x|x\in \mathbf{R}\}$,$|x|\leqslant 0$ 的解集为 $\{0\}$.

当 $a<0$ 时,$|x|>a$ 的解集为 $\mathbf{R}$,$|x|<a$ 的解集为空集.

3. 对于形如 $|ax+b|>c(c>0)$ 的含有绝对值的不等式可转化为 $ax+b>c$ 或 $ax+b<-c$ 来求解;

对于形如 $|ax+b|<c(c>0)$ 的绝对值不等式可转化为 $-c<ax+b<c$ 来求解.

4. 对于形如 $|ax+b|\geqslant c(c>0)$ 的含有绝对值的不等式可转化为 $ax+b\geqslant c$ 或 $ax+$

$b \leqslant -c$ 来求解；

对于形如 $|ax+b| \leqslant c(c>0)$ 的绝对值不等式可转化为 $-c \leqslant ax+b \leqslant c$ 来求解.

 典型例题剖析

例 1 解下列不等式：

(1) $|1-2x| \leqslant 5$；　　　　(2) $|3x+2|-3 \geqslant 0$.

分析 将含绝对值的不等式转化为 $|ax+b| \leqslant c$ 或 $|ax+b| \geqslant c$ 的形式后求解.

解答 (1) 由原不等式得 $|2x-1| \leqslant 5$,

所以 $-5 \leqslant 2x-1 \leqslant 5$, 解之得 $-2 \leqslant x \leqslant 3$.

因此，原不等式的解集为 $\{x | -2 \leqslant x \leqslant 3\}$.

(2) 由原不等式得 $|3x+2| \geqslant 3$,

所以 $3x+2 \leqslant -3$ 或 $3x+2 \geqslant 3$,

解之得 $x \leqslant -\dfrac{5}{3}$ 或 $x \geqslant \dfrac{1}{3}$.

因此，原不等式的解集为 $\left\{x \mid x \leqslant -\dfrac{5}{3} \text{ 或 } x \geqslant \dfrac{1}{3}\right\}$.

例 2 解关于 x 的不等式 $|mx-a|<n(m,n,a \in \mathbf{R}$ 且 $m \neq 0)$

分析 m 和 n 的符号没有确定，因此须对 m 和 n 的取值情况进行讨论.

解答 (1) 当 $n \leqslant 0$ 时，原不等式的解集为空集.

(2) 当 $n > 0$ 时，原不等式可化为 $-n<mx-a<n$, 即有 $a-n<mx<n+a$.

因为 $m \neq 0$, 所以

① 当 $m>0$ 时，原不等式的解集为 $\left\{x \mid \dfrac{a-n}{m}<x<\dfrac{a+n}{m}\right\}$;

② 当 $m<0$ 时，原不等式的解集为 $\left\{x \mid \dfrac{a+n}{m}<x<\dfrac{a-n}{m}\right\}$.

例 3 若不等式 $|a-x|>b$ 的解集为 $\{x | x<-3$ 或 $x>5\}$, 求 a 和 b 的值.

分析 由题意可知 $b>0$, 所以根据 $|a-x|>b$ 可得 $x-a<-b$ 或 $x-a>b$.

解答 由题意可知 $b>0$, 而不等式 $|a-x|>b$ 可化 $|x-a|>b$,

于是有 $x-a<-b$ 或 $x-a>b$, 解之得 $x<a-b$ 或 $x>a+b$.

又因为 $|a-x|>b$ 的解集为 $\{x | x<-3$ 或 $x>5\}$,

所以 $\begin{cases} a-b=-3 \\ a+b=5 \end{cases}$, 解之得 $\begin{cases} a=1 \\ b=4 \end{cases}$,

因此，a 和 b 的值分别是 1 和 4.

课堂小测试

一、选择题

1. 不等式 $|3x-1|<0$ 的解集是( ).

   A. $\left\{x\mid x<\dfrac{1}{3}\right\}$ B. $\varnothing$

   C. $\left\{x\mid x<-\dfrac{1}{3}\right\}$ D. $\left\{x\mid x>\dfrac{1}{3}\right\}$

2. 不等式 $|1-2x|<3$ 的解集是( ).

   A. $(-1,2)$ B. $[-1,2]$

   C. $(-\infty,-1)\cup(2,+\infty)$ D. $(-\infty,-1]\cup[2,+\infty)$

3. 若不等式 $|mx+2|<4$ 的解集为 $(-3,1)$,则实数 m 等于( ).

   A. -4 B. -3 C. 2 D. -2

4. 若集合 $A=\{x\mid|x|<2\}$,$B=\{x\mid|x|>1\}$,则 $A\cap B=$( ).

   A. $(-2,-1)$ B. $(1,2)$

   C. $(-2,2)$ D. $(-2,-1)\cup(1,2)$

5. 不等式 $|x+5|>0$ 的解集为( ).

   A. $\varnothing$ B. $(-\infty,-5)\cup(-5,+\infty)$

   C. $(-5,5)$ D. $\mathbf{R}$

6. 不等式 $1\leqslant|2x+3|\leqslant 5$ 的解集是( ).

   A. $(-\infty,-4]\cup[1,+\infty)$ B. $[-4,-2]$

   C. $[-4,1]$ D. $[-4,-2]\cup[-1,1]$

二、填空题

7. 不等式 $|x-2a|<b$ 的解集是 $(6,10)$,则 $a-b=$ _____.

8. 不等式 $|4x+3|>-1$ 的解集为 _____.

9. 不等式 $|2x-3|<5$ 的解集是 _____.

10. 不等式 $|x+1|-7\geqslant 0$ 的解集是 _____.

11. 不等式 $|2x-4|<-1$ 的解集为 _____.

三、解答题

12. 已知集合 $A=\{x|x^2-2x-3\geq 0\}$,$B=\{x||x-a|<1\}$ 且 $A\cap B=\varnothing$. 求实数 a 的取值范围.

13. 解不等式 $1<|3x-2|<4$.

2.5 不等式应用举例

学习目标导航

1. 掌握不等式的基本性质.
2. 掌握一元二次不等式的解法.
3. 掌握含有绝对值不等式的解法.

典型例题剖析

例1 某养鸡场要建一个矩形鸡舍,一边靠墙,另三边用木栅栏围成,木栅栏长 40 米,要使鸡舍的面积不小于 150 平方米,求与墙平行的木栅栏的范围.

分析 鸡舍的面积＝长×宽.

解答 设与墙平行的木栅栏长为 x 米,

由题意得:$\dfrac{(40-x)}{2}\cdot x\geq 150$

$x^2-40-x+300\leq 0$

$10\leq x\leq 30$

答:与墙平行的木栅栏的范围是 $[10,30]$.

课堂小测试

一、解答题

1. 解不等式 $2x^2-7x+3<0$

2. 已知 $|x-a^2|<b$ 的解集为 $(3,7)$,求 a,b.

3. 当 m 为何值时,$\sqrt{m^2+2m-15}$ 有意义?

第2章检测题

——★★★——

总分:120分 时间:120分钟 得分:_____分

一、选择题(本大题共15小题,每题3分,共45分)

1. 如果 $a>2$,那么(　　)

A. $2<a-1$　B. $2<a+1$　C. $-a>-2$　D. $a>3$

一、解答题

1. 解不等式 $2x^2-7x+3<0$

2. 已知 $|x-a^2|<b$ 的解集为 $(3,7)$,求 a,b.

3. 当 m 为何值时, $\sqrt{m^2+2m-15}$ 有意义?

第 2 章检测题

———★★★———

总分:120 分 时间:120 分钟 得分:_____分

一、选择题(本大题共 15 小题,每题 3 分,共 45 分)

1. 如果 $a>2$,那么(　　)

　A. $2<a-2$　　　B. $2<a+1$　　　C. $-a>-2$　　　D. $a>3$

2. 如果 $a>b, c>d$，那么（　　）

   A. $a+d>b+c$　　B. $ac>bd$　　C. $a-c>b-d$　　D. $a+c>b+d$

3. 设 $A=(-3,4), B=(0,5)$，则 $A\cup B=$（　　）

   A. $(-3,5)$　　B. $(0,4)$　　C. $(-3,0)$　　D. $(4,5)$

4. 设 $A=(1,+\infty), B=(-1,4]$，则 $A\cap B=$（　　）

   A. $(-1,+\infty)$　　B. $(-1,4)$　　C. $(-1,1)$　　D. $(1,4)$

5. 不等式 $x^2>25$ 的解集是（　　）

   A. $(5,+\infty)$　　　　　　　　B. $(-\infty,-5)$

   C. $(-5,5)$　　　　　　　　　　D. $(-\infty,-5)\cup(5,+\infty)$

6. 不等式 $|x-2|>5$ 的解集是（　　）

   A. $(-3,7)$　　　　　　　　　　B. $(-\infty,-3)\cup(7,+\infty)$

   C. $(3,7)$　　　　　　　　　　　D. $(-\infty,3)\cup(7,+\infty)$

7. 不等式 $x^2-4x+4\leqslant 0$ 的解集为（　　）

   A. $\{2\}$　　　　　　　　　　　B. $(-\infty,2)\cup(2,+\infty)$

   C. $\mathbf{R}$　　　　　　　　　　D. $\varnothing$

8. 不等式 $|4-2x|>0$ 的解集为（　　）

   A. $\mathbf{R}$　　B. $\{x|x\neq 2\}$　　C. $\{x|x>-2\}$　　D. $\{x|x<2\}$

9. 不等式 $|2x-3|<5$ 的正整数解的个数是（　　）

   A. 4个　　B. 6个　　C. 5个　　D. 3个

10. 已知不等式 $x^2+px+q<0$ 的解集是 $(-1,3)$，则（　　）

    A. $p=-2, q=-3$　　　　　　B. $p=-2, q=3$

    C. $p=2, q=-3$　　　　　　　D. $p=2, q=3$

11. 不等式 $-x^2+2x+3\leqslant 0$ 的解集为（　　）

    A. $[-1,3]$　　　　　　　　　　B. $(-\infty,-1]$

    C. $(-\infty,-1]\cup[3,+\infty)$　　D. $[3,+\infty)$

12. 设集合 $A=\{x|-2x>4\}, B=\{x|x^2+4x-5<0\}$，则 $A\cap B=$（　　）

    A. $(-2,+\infty)$　　　　　　　B. $(-\infty,-5)\cup(-2,+\infty)$

    C. $(-5,-2)$　　　　　　　　　D. $(-5,-1)$

13. 不等式 $x(x-3)^2>2(x-3)^2$ 的解集是（　　）

    A. $(2,3)\cup(3,+\infty)$　　　　B. $(2,+\infty)$

    C. $(-\infty,3)\cup(3,+\infty)$　　D. $(2,3)$

解析 如果函数的对应法则是用代数式表示的,那么函数的定义域就是使得这个代数式有意义的自变量取值的集合.

(1) 要使函数有意义,需使 $\begin{cases} 4-x^2 \geqslant 0 \\ x \neq 0 \end{cases}$,所以 $-2 \leqslant x \leqslant 2$ 且 $x \neq 0$.

故所求定义域为 $[-2,0) \cup (0,2]$.

(2) 要使函数有意义,需使 $\begin{cases} -x^2+x+12>0 \\ |x|-2 \neq 0 \end{cases}$,所以 $-3<x<4$,且 $x \neq \pm 2$,

故所求定义域为 $(-3,-2) \cup (-2,2) \cup (2,4)$.

例2 下列各组中的两个函数,表示的是同一个函数的是( )

A. $y=\dfrac{x^2}{x}$ 与 $y=x$　　　　　　　B. $y=\dfrac{x}{x^2}$ 与 $y=\dfrac{1}{x}$

C. $y=|x|$ 与 $y=x$　　　　　　　　D. $y=(\sqrt{x})^2$ 与 $y=x$

解析 函数的定义域和对应法则完全相同的函数是同一函数. 在 A 中,$y=\dfrac{x^2}{x}$ 的定义域为 $\{x|x \neq 0\}$,$y=x$ 的定义域为 **R**;在 B 中,$y=\dfrac{x}{x^2}$ 与 $y=\dfrac{1}{x}$ 的定义域都为 $\{x|x \neq 0\}$,对应法则也完全相同;在 C 中,$y=|x|$ 与 $y=x$ 的定义域相同,但对应法则不同;在 D 中,$y=(\sqrt{x})^2$ 与 $y=x$ 的定义域不同,$y=(\sqrt{x})^2$ 的定义域为 $\{x|x \geqslant 0\}$,$y=x$ 的定义域为 **R**,故选 B.

例3 已知函数 $f(x)=\dfrac{x+1}{x-1}$,求:

(1) $f(-m)$;(2) $f(x-1)$;(3) $f\left(\dfrac{1}{x}\right)$;(4) $f\left(\dfrac{x+1}{x-1}\right)$.

解析 运用换元的思想方法,分别用 $-m,x-1,\dfrac{1}{x},\dfrac{x+1}{x-1}$ 代替 $f(x)$ 中的 x,即直接代入函数 $f(x)$ 的解析式即可求得.

解答 (1) $f(-m)=\dfrac{-m+1}{-m-1}=\dfrac{m-1}{m+1}$;(2) $f(x-1)=\dfrac{(x-1)+1}{(x-1)-1}=\dfrac{x}{x-2}$;

(3) $f\left(\dfrac{1}{x}\right)=\dfrac{\dfrac{1}{x}+1}{\dfrac{1}{x}-1}=\dfrac{1+x}{1-x}$;(4) $f\left(\dfrac{x+1}{x-1}\right)=\dfrac{\dfrac{x+1}{x-1}+1}{\dfrac{x+1}{x-1}-1}=x$.

课堂小测试

一、选择题

1. 已知函数 $f(x)=x^2-7$，则 $f(-3)=($).

   A. -16 B. -13 C. 2 D. 9

2. 若 $f(x)=\begin{cases}2^x, x>0\\1-x, x\leq 0\end{cases}$，则 $f[f(-1)]$ 的值为( ).

   A. 4 B. 2 C. -1 D. 0

3. 下列式子能确定 y 是 x 的函数的是( ).

   A. $x^2=y^2+1$ B. $y=\sqrt{x-3}+\sqrt{2-x}$

   C. $y=|x|-1$ D. $\sqrt{y^2-1}=x$

4. 函数 $y=\dfrac{1}{2x-3}$ 的定义域为( ).

   A. $(-\infty,+\infty)$ B. $\left(-\infty,\dfrac{3}{2}\right)\cup\left(\dfrac{3}{2},+\infty\right)$

   C. $\left[\dfrac{3}{2},+\infty\right)$ D. $\left(\dfrac{3}{2},+\infty\right)$

5. 函数 $y=\sqrt{x+1}-\dfrac{1}{x}$ 的定义域为( ).

   A. $(-1,0)\cup(0,+\infty)$ B. $(-1,+\infty)$

   C. $[-1,0)$ D. $[-1,0)\cup(0,+\infty)$

6. 函数 $f(x)=\begin{cases}\sqrt{x+2}, x\geq 1\\1, x<1\end{cases}$，则 $f(3), f(0)$ 函数值分别为( ).

   A. $1,1$ B. $\sqrt{5},1$ C. $\sqrt{5},\sqrt{2}$ D. $1,\sqrt{2}$

二、填空题

7. 函数 $f(x)=\dfrac{1}{x+1}$ 的定义域是_____.

8. 函数 $f(x)=\sqrt{3x-2}$ 的定义域是_____.

9. 已知函数 $f(x)=3x-2$，则 $f(0)=$_____，$f(2)=$_____.

2. 如果 $a>b, c>d$，那么（　　）

　　A. $a+d>b+c$　B. $ac>bd$　C. $a-c>b-d$　D. $a+c>b+d$

3. 设 $A=(-3,4), B=(0,5)$，则 $A\cup B=$（　　）

　　A. $(-3,5)$　B. $(0,4)$　C. $(-3,0)$　D. $(4,5)$

4. 设 $A=(1,+\infty), B=(-1,4]$，则 $A\cap B=$（　　）

　　A. $(-1,+\infty)$　B. $(-1,4)$　C. $(-1,1)$　D. $(1,4]$

5. 不等式 $x^2>25$ 的解集是（　　）

　　A. $(5,+\infty)$　B. $(-\infty,-5)$

　　C. $(-5,5)$　D. $(-\infty,-5)\cup(5,+\infty)$

6. 不等式 $|x-2|>5$ 的解集是（　　）

　　A. $(-3,7)$　B. $(-\infty,-3)\cup(7,+\infty)$

　　C. $(3,7)$　D. $(-\infty,3)\cup(7,+\infty)$

7. 不等式 $x^2-4x+4\leq 0$ 的解集为（　　）

　　A. $\{2\}$　　B. $(-\infty,2)\cup(2,+\infty)$

　　C. $\mathbf{R}$　　D. $\varnothing$

8. 不等式 $|4-2x|>0$ 的解集为（　　）

　　A. $\mathbf{R}$　　B. $\{x|x\neq 2\}$　C. $\{x|x>-2\}$　D. $\{x|x<2\}$

9. 不等式 $|2x-3|<5$ 的正整数解的个数是（　　）

　　A. 4 个　B. 6 个　C. 5 个　D. 3 个

10. 已知不等式 $x^2+px+q<0$ 的解集是 $(-1,3)$，则（　　）

　　A. $p=-2, q=-3$　B. $p=-2, q=3$

　　C. $p=2, q=-3$　D. $p=2, q=3$

11. 不等式 $-x^2+2x+3\leq 0$ 的解集为（　　）

　　A. $[-1,3]$　B. $(-\infty,-1]$

　　C. $(-\infty,-1]\cup[3,+\infty)$　D. $[3,+\infty)$

12. 设集合 $A=\{x|-2x>4\}, B=\{x|x^2+4x-5<0\}$，则 $A\cap B=$（　　）

　　A. $(-2,+\infty)$　B. $(-\infty,-5)\cup(-2,+\infty)$

　　C. $(-5,-2)$　D. $(-5,-1)$

13. 不等式 $x(x-3)^2>2(x-3)^2$ 的解集是（　　）

　　A. $(2,3)\cup(3,+\infty)$　B. $(2,+\infty)$

　　C. $(-\infty,3)\cup(3,+\infty)$　D. $(3,+\infty)$

14. 已知 $A=\{x||x-4|<3\}$，$B=\{x||x-5|>1\}$，则 $A\cap B=$（ ）

　　A.(4,6) B.R C.(1,7) D.(1,4)∪(6,7)

15. 若 $M=\{x|(x+1)(x-5)<0\}$，$N=\{x||x-2|<4\}$，则 M 和 N 的关系是（ ）

　　A.$M=N$ B.$N\subseteq M$ C.$M\cap N=\varnothing$ D.$M\cup N=N$

二、**填空题**(本大题共 10 空，每空 3 分，共 30 分)

16. 如果 $a>-2$ 且 $b<3$，那么 $(a+2)(b-3)$ _____ 0.

17. 如果 $a>c$ 且 $b>c$，那么 $a+b$ _____ $2c$.

18. 不等式组 $\begin{cases} 2x+5\geqslant 0 \\ x-1<3 \end{cases}$ 的解集是 _____.

19. 不等式 $9-x^2>0$ 的解集是 _____.

20. 不等式 $|1-2x|>5$ 的解集是 _____.

21. $2x^2-x\leqslant x^2+12$ 的解集是 _____.

22. 不等式 $3<|2x-1|\leqslant 7$ 的解集为 _____.

23. 不等式 $x^2-ax-b<0$ 的解集是 $(-4,3)$，则不等式 $ax^2-bx>0$ 的解集是 _____.

24. 已知 $a>0$ 且不等式 $|2x-3|<a$ 的解集为 $(-1,4)$，则 a 的值为 _____.

25. 已知不等式 $kx^2+kx-1>0$ 的解集是空集，则 k 的取值范围是 _____.

三、**解答题**(本大题共 5 小题，每题 9 分，共 45 分)

26. 解不等式：$(2-x)^2>16$.

27. 设 $A=[-3,7)$，$B=[2,9)$，求 $A\cap B$，$A\cup B$.

28. 设 $A=(-\infty,2]$,$B=[a,8)$,若 $A\cap B$ 不是空集,求实数 a 的取值范围.

29. 不等式 $ax^2-bx+6>0$ 的解集是 $(-2,3)$,求 $a+b$ 的值.

30. 已知集合 $A=\{x|x^2-2x-15>0\}$,$B=\{x||x-a|<6\}$,若 $A\cup B=\mathbf{R}$,求实数 a 的取值范围.

第 3 章　函数

知识构架

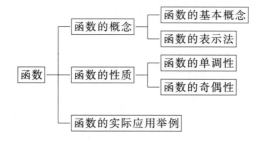

3.1 函数的概念

1. 理解函数的概念及确定函数的两个要素.
2. 理解同一函数的意义,会判断两个函数是不是相同.
3. 会求一些简单函数的定义域和值域.
4. 密切联系实际,理解现实中变量间的关系.

一、函数的定义

设 D 是一个非空的数集,如果存在两个变量 x 和 y,对于变量 x 在 D 中的每一个确定的值,按照某种确定的对应法则 f,变量 y 都有唯一确定的值与它对应,那么,变量 y 叫做变量 x 的函数,记作:$y=f(x)$.其中,x 叫做自变量,x 的所有取值组成的集合 D 叫做函数的定义域.

当 $x=x_0$ 时,函数 $y=f(x)$ 对应的值 y_0 叫做函数在点 x_0 处的函数值,记作 $y_0=f(x_0)$.例如,函数 $y=3x-1$ 中,$f(x)=3x-1$ 在 $x=-2$ 处的函数值为 $f(-2)=3\times(-2)-1=-7$.

函数值的集合 $\{y|y=f(x),x\in D\}$ 叫做函数的值域.

二、同一函数

定义域和对应法则是函数定义中的两个要素,它们一旦确定,函数的值域也就随之确定了.定义域与对应法则都相同的函数是同一函数,而与表示函数所选用的字母无关.

例 1 求函数的定义域:

(1) $y=\dfrac{\sqrt{4-x^2}}{x}$ (2) $y=\dfrac{x+1}{\sqrt{-x^2+x+12}}+\dfrac{2}{|x|-2}$

解析 如果函数的对应法则是用代数式表示的,那么函数的定义域就是使得这个代数式有意义的自变量取值的集合.

(1)要使函数有意义,需使 $\begin{cases} 4-x^2 \geq 0 \\ x \neq 0 \end{cases}$,所以 $-2 \leq x \leq 2$ 且 $x \neq 0$.

故所求定义域为 $[-2,0) \cup (0,2]$.

(2)要使函数有意义,需使 $\begin{cases} -x^2+x+12 > 0 \\ |x|-2 \neq 0 \end{cases}$,所以 $-3 < x < 4$,且 $x \neq \pm 2$,

故所求定义域为 $(-3,-2) \cup (-2,2) \cup (2,4)$.

例 2 下列各组中的两个函数,表示的是同一个函数的是( )

A. $y = \dfrac{x^2}{x}$ 与 $y = x$ B. $y = \dfrac{x}{x^2}$ 与 $y = \dfrac{1}{x}$

C. $y = |x|$ 与 $y = x$ D. $y = (\sqrt{x})^2$ 与 $y = x$

解析 函数的定义域和对应法则完全相同的函数是同一函数. 在 A 中, $y = \dfrac{x^2}{x}$ 的定义域为 $\{x \mid x \neq 0\}$, $y = x$ 的定义域为 $\mathbf{R}$; 在 B 中, $y = \dfrac{x}{x^2}$ 与 $y = \dfrac{1}{x}$ 的定义域都为 $\{x \mid x \neq 0\}$, 对应法则也完全相同; 在 C 中, $y = |x|$ 与 $y = x$ 的定义域相同, 但对应法则不同; 在 D 中, $y = (\sqrt{x})^2$ 与 $y = x$ 的定义域不同, $y = (\sqrt{x})^2$ 的定义域为 $\{x \mid x \geq 0\}$, $y = x$ 的定义域为 $\mathbf{R}$, 故选 B.

例 3 已知函数 $f(x) = \dfrac{x+1}{x-1}$, 求:

(1) $f(-m)$; (2) $f(x-1)$; (3) $f\left(\dfrac{1}{x}\right)$; (4) $f\left(\dfrac{x+1}{x-1}\right)$.

解析 运用换元的思想方法,分别用 $-m, x-1, \dfrac{1}{x}, \dfrac{x+1}{x-1}$ 代替 $f(x)$ 中的 x, 即直接代入函数 $f(x)$ 的解析式即可求得.

解答 (1) $f(-m) = \dfrac{-m+1}{-m-1} = \dfrac{m-1}{m+1}$; (2) $f(x-1) = \dfrac{(x-1)+1}{(x-1)-1} = \dfrac{x}{x-2}$;

(3) $f\left(\dfrac{1}{x}\right) = \dfrac{\dfrac{1}{x}+1}{\dfrac{1}{x}-1} = \dfrac{1+x}{1-x}$; (4) $f\left(\dfrac{x+1}{x-1}\right) = \dfrac{\dfrac{x+1}{x-1}+1}{\dfrac{x+1}{x-1}-1} = x$.

课堂小测试

一、选择题

1. 已知函数 $f(x)=x^2-7$，则 $f(-3)=$（　　）.
   A. -16　B. -13　C. 2　D. 9

2. 若 $f(x)=\begin{cases}2^x,x>0\\1-x,x\leqslant 0\end{cases}$，则 $f[f(-1)]$ 的值为（　　）.
   A. 4　B. 2　C. -1　D. 0

3. 下列式子能确定 y 是 x 的函数的是（　　）.
   A. $x^2=y^2$　B. $y=\sqrt{x-3}+\sqrt{2-x}$
   C. $y=|x|$　D. $\sqrt{y^2-1}=x$

4. 函数 $y=\dfrac{1}{2x-3}$ 的定义域为（　　）.
   A. $(-\infty,+\infty)$　B. $\left(-\infty,\dfrac{3}{2}\right)\cup\left(\dfrac{3}{2},+\infty\right)$
   C. $\left[\dfrac{3}{2},+\infty\right)$　D. $\left(\dfrac{3}{2},+\infty\right)$

5. 函数 $y=\sqrt{x+1}-\dfrac{1}{x}$ 的定义域为（　　）.
   A. $(-1,0)$　B. $(-1,0)\cup(0,+\infty)$
   C. $[-1,0]$　D. $[-1,0)\cup(0,+\infty)$

6. 函数 $f(x)=\begin{cases}\sqrt{x+2},x\geqslant 1\\1,x<1\end{cases}$，则 $f(3),f(0)$ 函数值分别为（　　）.
   A. $1,1$　B. $\sqrt{5},1$　C. $\sqrt{5},\sqrt{2}$　D. $1,\sqrt{2}$

二、填空题

7. 函数 $f(x)=\dfrac{1}{x+1}$ 的定义域是 _____ .

8. 函数 $f(x)=\sqrt{3x-2}$ 的定义域是 _____ .

9. 已知函数 $f(x)=3x-2$，则 $f(0)=$ _____ ，$f(2)=$ _____ .

10. 设 $f(x)=x^2-ax+a$,且 $f(2)=7$,则常数 $a=$ _____.

三、解答题

11. 指出下列各函数中,哪个与函数 $y=x$ 是同一个函数:

(1) $y=\dfrac{x^2}{x}$;   (2) $y=\sqrt{x^2}$;   (3) $s=t$.

12. 求函数的定义域:

(1) $f(x)=\dfrac{1}{x+1}$;   (2) $f(x)=\sqrt{1-2x}$;

(3) $f(x)=\sqrt{3x+1}+\dfrac{x^2+1}{\sqrt{1-x}}$;   (4) $f(x)=\dfrac{\sqrt{|x|-x}}{x+2}$.

13. 函数 $f(x)=\dfrac{x+1}{x-1}$,求:(1) $f(-a)$;(2) $f(x+1)$;(3) $f\left(\dfrac{1}{m}\right)$.

14. 据下列条件,分别求函数 $f(x)$ 的解析式:

(1) $f(x-1)=3x^2-x+1$;(2) $f(\sqrt{x}+1)=x+3\sqrt{x}$.

3.2 函数的表示方法

 知识要点梳理

一、函数的三种表示方法

解析法:用一个或几个等式来表示函数的方法.这一个或几个等式称为函数的解析式.这种方法的特点是所有自变量和相应函数值满足的关系明确,更揭示了这个函数的本质.

列表法:把自变量 x 取的各个元素写在第一行,第二行写出相应的函数值,这种用表格来表示函数的方法就是列表法.这种方法的特点是自变量和函数值的对应很明确.

图像法:用平面直角坐标系里面的图像来表示函数的方法.这种方法的特点是形象直观地反映了函数随自变量变化的趋势.

二、几点说明

1.用解析法有时要写清定义域,若不标明定义域,这时函数的定义域是指使函数的解析表达式有意义的实数 x 的集合.此外,在实际问题中,还要根据问题的实际意义来确定自变量的取值范围.

2.设函数 $f(x)$ 的定义域为 D,则点 $M(a,b)$ 在 $y=f(x)$ 的图像上的充要条件是 $b=f(a)$ 且 $a\in D$.

3.常值函数:无论自变量 x 取什么值,函数值总等于同一个数,这样的函数称为常值函数.

4.分段函数:函数在自变量的不同取值范围内,需要用不同的解析式来表示,这种函数叫分段函数.

注意:分段函数是一个函数,而不是几个函数.

例如:函数 $f(x)=\begin{cases} -x+1, x \geq 0 \\ x^2, x > 0 \end{cases}$.

5.求函数的定义域也就是将函数解析式中自变量 x 所需要满足的所有条件转化为相应的不等式或不等式组,通过求解这个不等式或不等式组的解集,得出该函数的定义域.

6. 作函数图像的一般方法——描点法.

(1)确定函数的定义域;

(2)选取自变量 x 的若干值(一般选取某些代表性的值),计算出它们对应的函数值 y,列出表格;

(3)以表格中 x 值为横坐标,对应 y 值为纵坐标,在直角坐标系中描出相应的点 (x,y);

(4)根据题意确定是否将描出的点连接成光滑的曲线.

典型例题剖析

例 1 文具店内出售某种铅笔,每支售价为 0.2 元,应付款额是购买铅笔数量的函数,当购买 6 支以内(含 6 支)的铅笔时,试用三种方法表示这个函数.

解析 (1)依照售价,分别计算出购买 1~6 支铅笔所需款数,列成下面的表格,即为函数的列表法表示表 3.2-1.

表 3.2-1

x(支)	1	2	3	4	5	6
y(元)	0.2	0.4	0.6	0.8	1.0	1.2

(2)以上表中的 x 值为横坐标,对应的 y 值为纵坐标,在直角坐标系中依次作出点 $(1,0.2),(2,0.4),(3,0.6),(4,0.8),(5,1.0),(6,1.2)$,则函数的图像法表示如图 3.2-1 所示.

(3)关系式 $y=0.2x$ 就是函数的解析式,故函数的解析法表示为

$$y=0.2x, x\in\{1,2,3,4,5,6\}.$$

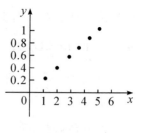

图 3.2-1

例 2 已知函数 $f(x)=\begin{cases}x-2, x\leqslant-1\\x^2+1, -1<x<1\\4x, x\geqslant 1\end{cases}$,求:(1) $f\left(-\dfrac{\sqrt{2}}{2}\right)$,$f\left[f\left(-\dfrac{\sqrt{2}}{2}\right)\right]$ 的值;

(2)若 $f(m)=1$,求 m 的值.

解析 先判断自变量所在的范围,从而代入相应的解析式.

(1) $f\left(-\dfrac{\sqrt{2}}{2}\right)=\left(-\dfrac{\sqrt{2}}{2}\right)^2+1=\dfrac{3}{2}$;$f\left[f\left(-\dfrac{\sqrt{2}}{2}\right)\right]=f\left(\dfrac{3}{2}\right)=4\times\dfrac{3}{2}=6$.

(2)若 $f(m)=m-2=1$,则 $m=3$,与 $m\leqslant-1$ 矛盾;

若 $f(m)=m^2+1=1$，则 $m=0$，符合题意；

若 $f(m)=4m=1$，则 $m=\dfrac{1}{4}$，与 $m\geqslant 1$ 矛盾. 故 $m=0$.

反思 分段函数求函数值时，一定要注意自变量的取值范围，从而确定相应的解析式；对于多层求值例 2 中求 $f\left[f\left(-\dfrac{\sqrt{2}}{2}\right)\right]$，应由内层函数向外层函数依次求值.

例 3 作函数 $y=|x|$ 的图像.

解析 函数 $y=|x|$ 可化为 $y=\begin{cases}x, x\geqslant 0\\ -x, x<0\end{cases}$，

列表如下（表 3.2-2）：

表 3.2-2

x	0	1
$y=x$	0	1

x	0	-1
$y=-x$	0	1

描点、连线，如图 3.2-2 所示：

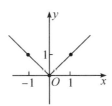

图 3.2-2

例 4 求函数 $y=\sqrt{x^2+2x+5}$ 值域.

解析 因为 $x^2+2x+5=(x+1)^2+4\geqslant 4$，

所以 $\sqrt{x^2+2x+5}=\sqrt{(x+1)^2+4}\geqslant\sqrt{4}=2$.

因此，函数 $y=\sqrt{x^2+2x+5}$ 的值域是 $[2,+\infty)$.

课堂小测试

一、选择题

1. 下列各点中,在函数 $y=3x-1$ 的图像上的点是(　　).
   A. (1,2)　　　　B. (3,4)　　　　C. (0,1)　　　　D. (5,6)

2. 设 $g(x+2)=2x+3$,则 $g(x)$ 等于(　　).
   A. $2x+1$　　　B. $2x-1$　　　C. $2x-3$　　　D. $2x+7$

3. 下列说法正确的是(　　).
   A. 一次函数解析式为 $y=kx+b$
   B. 反比例函数解析式为 $y=\dfrac{k}{x}$
   C. 二次函数解析式为 $y=ax^2+bx+c(a\geq 0)$
   D. 二次函数解析式为 $y=ax^2+bx+c(a\neq 0)$

4. 已知函数 $f(x)$ 的定义域为 $[-1,1]$,则 $f(2x-1)$ 的定义域为(　　).
   A. $[0,1]$　　　B. $[-1,1]$　　　C. $(0,1)$　　　D. $(0,1]$

5. 函数 $y=\sqrt{x}+1$ 的值域是(　　).
   A. $[1,+\infty)$　　B. $[0,+\infty)$　　C. $(1,+\infty)$　　D. $(0,+\infty)$

6. 若 $f(x)=\dfrac{x}{x^2-1}$,则 $f(x^2)=$(　　).
   A. $\dfrac{x}{x^2-1}$　　B. $\dfrac{x^2}{x^2-1}$　　C. $\dfrac{x^2}{x^4-1}$　　D. $\dfrac{x^4}{x^4-1}$

二、填空题

7. 函数 $y=\sqrt{x^2+2x+3}$ 值域为＿＿＿＿.

8. 等腰三角形的周长是 20,底边长 y 是一腰长 x 的函数,则 $y=$＿＿＿＿.

9. 函数 $y=f(x)$ 的图像与直线 $y=x-1$ 的公共点的个数是＿＿＿＿.

10. 若函数 $f(2x+1)=4x^2+6x+3$,则 $f(x)$＿＿＿＿.

三、解答题

11. 某种笔记本每个 5 元,买 $x(x\in\{1,2,3,4\})$ 个笔记本的钱数记为 y(单位:元). 试写出以 x 为自变量的函数 y 的解析式,并画出这个函数的图像.

12. 国内投寄信函,每封信函不超过 20g 付邮资 80 分,超过 20g 而不超过 40g 付邮资 160 分,以此类推,每封 $xg(0<x<100)$ 的信函应付邮资为 y(单位:分),试写出以 x 为自变量的函数 y 的解析式,并画出这个函数的图像.

13. 画出函数 $y=\sqrt{x^2}$ 的图像.

3.3 函数的性质

1. 理解增函数、减函数的概念,会利用定义和函数的图像讨论函数的单调性并写出其单调区间.

2. 理解奇函数、偶函数的概念,会利用奇函数、偶函数的定义去判断函数的奇偶性.

3. 了解奇函数的图像关于原点对称、偶函数的图像关于 y 轴对称的性质.

4. 通过函数的单调性和奇偶性的学习,体会数形结合的作用与意义.

3.3.1 函数的单调性

一、函数的单调性的定义

设函数 $y=f(x)$ 在区间 (a,b) 内有意义,如果对于任意的 $x_1,x_2\in(a,b)$,当 $x_1<x_2$ 时,都有 $f(x_1)<f(x_2)$ 成立,那么函数 $f(x)$ 叫做区间 (a,b) 内的增函数,区间 (a,b) 叫做函数 $f(x)$ 的增区间.

设函数 $y=f(x)$ 在区间 (a,b) 内有意义,如果对于任意的 $x_1,x_2\in(a,b)$,当 $x_1<x_2$ 时,都有 $f(x_1)>f(x_2)$ 成立,那么函数 $f(x)$ 叫做区间 (a,b) 内的减函数,区间 (a,b) 叫做函数 $f(x)$ 的减区间.

像上面这样,函数值随着自变量的增大而增大(或减小)的性质叫做函数的单调性.

二、几点说明

(1) 函数的单调性体现了函数值随自变量的变化趋势,是区间上的性质,因此在研究函数的单调性时必须说明它的单调区间,如果函数 $f(x)$ 在区间 (a,b) 内是增函数(或减函数),那么称函数 $f(x)$ 在区间 (a,b) 内具有单调性,区间 (a,b) 叫做函数 $f(x)$ 的单调区间.

(2) 判断函数单调性的方法一般有:利用函数图像观察或通过函数单调性的定义证明.

(3) 证明函数单调性的步骤:

在所给区间内任取 $x_1<x_2 \Rightarrow f(x_1)-f(x_2) \begin{cases} \text{化积} \\ \text{配方} \end{cases} \Rightarrow$ 看符号 $\Rightarrow$ 利用函数单调性的定

义得出结论.

典型例题剖析

例1 若函数 $y=3x^2+2(a-1)x+6$ 在 $(-\infty,1)$ 上是减函数,在 $(1,+\infty)$ 上是增函数,则 $a=$ _____.

解析 本题是逆向考查一元二次函数的单调性,由题意可以确定函数的对称轴是 $x=1$,解得 $a=-2$.

该题还可以推广:若函数 $y=3x^2+2(a-1)x+6$ 在 $(-\infty,1)$ 上是减函数,求 a 的取值范围,此时应当结合函数的图像帮助转化.

例2 判断函数 $f(x)=3x-1$ 的单调性.

解析 函数 $f(x)=3x-1$ 的定义域为 $(-\infty,+\infty)$,任取 $x_1,x_2\in(-\infty,+\infty)$ 不妨设 $x_1<x_2$,则 $f(x_1)=3x_1-1,f(x_2)=3x_2-1$,于是 $f(x_1)-f(x_2)=(3x_1-1)-(3x_2-1)=3(x_1-x_2)<0$,即有 $f(x_1)<f(x_2)$.

故函数 $f(x)$ 在 $(-\infty,+\infty)$ 内是增函数.

例3 已知函数 $y=x^2-2(a-1)x+3$ 在 $[2,+\infty)$ 内是增函数,求实数 a 的取值范围.

解析 函数 $y=x^2-2(a-1)x+3$ 的对称轴是 $x=a-1$ 要使 $f(x)$ 在 $[2,+\infty)$ 内是增函数,则须有 $a-1\leqslant 2$,即 $a\leqslant 3$,所以实数 a 的取值范围是 $(-\infty,3]$.

反思已知函数的单调性求解析式中参数的取值范围,实际上是逆向运用函数单调性的定义.解题过程中需要运用数形结合的数学思想方法.

课堂小测试

一、选择题

1. 若 $f(x)$ 在区间 $(-3,5)$ 内是增函数,下列结论正确的是( ).
   A. $f(-1)<f(-2)$ B. $f(0)>f(1)$ C. $f(-1)<f(1)$ D. $f(1)>f(4)$

2. 函数 $y=4x+3$ 单调递增区间是( ).
   A. $(-\infty,+\infty)$ B. $(0,+\infty)$ C. $(-\infty,0)$ D. $[0,+\infty)$

3. 函数 $y=x^2+4x-1$ 的单调递增区间是( ).
   A. $[-2,+\infty)$ B. $(-\infty,-2]$ C. $[2,+\infty)$ D. $(-\infty,2]$

4. 函数 $y=x^2+2(a-1)x+2$ 在区间 $(-\infty,4)$ 上是减函数,则实数 a 的取值范围为( ).

A. $[-3,+\infty)$ B. $(-\infty,-3]$ C. $(-\infty,5]$ D. $[3,+\infty)$

5. 函数 $f(x)=2x^2-mx-3$ 在 $[2,+\infty)$ 上是增函数,在 $(-\infty,2]$ 上是减函数,则 m 的值为(　　).

  A. -2 B. -8 C. 2   D. 8

6. 设函数 $y=f_1(x)$ 是定义域为 **R** 的增函数, $y=f_2(x)$ 是定义域为 **R** 的减函数,则(　　).

  A. 函数 $y=f_1(x)+f_2(x)$ 是定义域为 **R** 的增函数

  B. 函数 $y=f_1(x)+f_2(x)$ 是定义域为 **R** 的减函数

  C. 函数 $y=f_1(x)-f_2(x)$ 是定义域为 **R** 的增函数

  D. 函数 $y=f_1(x)-f_2(x)$ 是定义域为 **R** 的减函数

7. 函数 $y=f(x)$ 在 $(0,5)$ 内是增函数,则下列结论中正确的是(　　).

  A. $f(1)<f\left(\dfrac{5}{2}\right)<f\left(\dfrac{7}{2}\right)$ B. $f\left(\dfrac{5}{2}\right)<f(1)<f\left(\dfrac{7}{2}\right)$

  C. $f\left(\dfrac{7}{2}\right)<f\left(\dfrac{5}{2}\right)<f(1)$ D. $f\left(\dfrac{7}{2}\right)<f(1)<f\left(\dfrac{5}{2}\right)$

8. $f(x)=4x^2-mx+5$ 在 $[-2,+\infty)$ 上是增函数,在 $(-\infty,-2]$ 上是减函数,则函数 $f(1)$ 等于(　　).

  A. -7 B. 1   C. 17   D. 25

9. 函数 $y=\sqrt{3+2x-x^2}$ 的单调递增区间为(　　).

  A. $[-1,1]$ B. $[2,+\infty)$ C. $[0,2]$ D. $(0,2)$

10. 若函数 $f(x)=(2k+1)x+5$ 在 $(-\infty,+\infty)$ 内是减函数,则(　　).

  A. $k>\dfrac{1}{2}$ B. $k<\dfrac{1}{2}$ C. $k>-\dfrac{1}{2}$ D. $k<-\dfrac{1}{2}$

二、填空题

11. (1) 函数 $y=2x-3$ 在 **R** 是_____函数(填单调性);

  (2) 函数 $y=x^2-2x+3$ 的单调递增区间是_____,单调递减区是_____;

  (3) 函数在 $y=\dfrac{1}{x}$ 在 $(0,+\infty)$ 上是_____函数(填单调性).

12. 若函数 $y=3x^2+2(a-1)x+6$ 在 $(-\infty,1]$ 上是减函数,在 $[1,+\infty)$ 上是增函数,则 $a=$ _____.

13. 函数 $y=x^2+2x-3, x\in[0,3]$ 的值域是_____.

三、解答题

14. 用函数单调性的定义判断 $f(x)=x+\dfrac{1}{x}$ 在 $(1,+\infty)$ 上的单调性.

15. (1) 下列函数是增函数还是减函数?

　　① 函数 $y=-2x+3$ 在 $\mathbf{R}$ 上;　　② 函数 $y=\dfrac{1}{x}$ 在 $(-\infty,0)$ 上;

　　③ 函数 $y=\log_2 x$ 在 $(0,+\infty)$ 上;　　④ 函数 $y=\left(\dfrac{1}{2}\right)^x$ 在 $\mathbf{R}$ 上.

(2) 函数 $y=x^2-2x+5$ 的单调递增区间是什么? 单调递减区间是什么?

16. 已知 $f(x)$ 在其定义域 $[-2,1)$ 内是减函数,解关于实数 m 的不等式 $f(m-1)<f(1-2m)$.

3.3.2 函数的奇偶性

知识要点梳理

一、函数的奇偶性的定义

设函数 $f(x)$ 的定义域为 $\mathbf{D}$，如果对于任意的 $x \in \mathbf{D}$，都有 $-x \in \mathbf{D}$，并且 $f(-x) = f(x)$，则称 $f(x)$ 是偶函数．

函数 $f(x)$ 是偶函数当且仅当其图像关于 y 轴对称．

设函数 $f(x)$ 的定义域为 $\mathbf{D}$，如果对于任意的 $x \in \mathbf{D}$，都有 $-x \in \mathbf{D}$，并且 $f(-x) = -f(x)$，则称 $f(x)$ 是奇函数．

函数 $f(x)$ 是奇函数当且仅当其图像关于原点对称．

如果一个函数是奇函数或偶函数，就说这个函数具有奇偶性．

二、几点说明

(1) 函数的奇偶性反映了函数图像的对称性，如果函数具有奇偶性，则可通过自变量取值大于零(或小于零)的图像，对称画出另一半的函数图像．

(2) 函数的定义域关于原点对称是函数具有奇偶性的必要条件．

(3) 不具有奇偶性的函数叫做非奇非偶函数，如果存在某个 $x_0 \in \mathbf{D}$，但 $-x_0 \notin \mathbf{D}$，则函数肯定是非奇非偶函数，如：$f(x) = \sqrt{x}$，一次函数 $f(x) = x+1$ 和二次函数 $f(x) = (x+1)^2$；有的函数既是奇函数又是偶函数，如常值函数 $f(x) = 0, x \in \mathbf{R}$．

(4) 点 $P(a,b)$ 关于 x 轴的对称点的坐标是 $(a,-b)$；点 $P(a,b)$ 关于 y 轴的对称点的坐标是 $(-a,b)$；点 $P(a,b)$ 关于原点 O 的对称点的坐标是 $(-a,-b)$．

(5) 基础函数的奇偶性：

一次函数 $f(x) = kx + b (k \neq 0)$ 为奇函数的充要条件是 $b = 0$；

二次函数 $f(x) = ax^2 + bx + c (a \neq 0)$ 为偶函数的充要条件是 $b = 0$；

反比例函数 $f(x) = \dfrac{k}{x} (k \neq 0)$ 是奇函数．

(6) 若函数 $f(x)$ 是奇函数，函数 $g(x)$ 是奇函数，则函数 $f(x) + g(x)$ 是奇函数；函数 $f(x) \cdot g(x)$ 是偶函数．

若函数 $f(x)$ 是偶函数，函数 $g(x)$ 是偶函数，则函数 $f(x) + g(x)$ 是偶函数；函数 $f(x) \cdot g(x)$ 是偶函数．

若函数 $f(x)$ 是非零奇函数，函数 $g(x)$ 是非零偶函数，则函数 $f(x) + g(x)$ 是非奇非偶函数；函数 $f(x) \cdot g(x)$ 是奇函数．

(7)若函数 $f(x)$ 是奇函数,且在区间 $[a,b]$ 上是增函数(减函数),则函数 $f(x)$ 在区间 $[-b,-a]$ 上也是增函数(减函数).

若函数 $g(x)$ 是偶函数,且在区间 $[a,b]$ 上是增函数(减函数),则函数 $g(x)$ 在区间 $[-b,-a]$ 是减函数(增函数).

这个知识点的考查是重点之一,覆盖面广,题目呈现灵活性和综合性的特点.

 典型例题剖析

例1 已知奇函数 $y=f(x)$ 在区间 $(3,9)$ 内是增函数,则函数 $y=f(x)$ 在区间 $(-9,-3)$ 内的单调性为_____函数.

解析 本题主要考查奇函数的单调性及其图像的特点,为增函数.

例2 已知偶函数 $f(x)$ 在区间 $[1,5]$ 内是减函数,试比较 $f(-3)$ 和 $f(4)$ 的大小.

解析 因为 $f(x)$ 是偶函数,所以 $f(-3)=f(3)$,而 $f(x)$ 在 $[1,5]$ 内是减函数,又因为 $3<4$,所以 $f(3)>f(4)$,即 $f(-3)>f(4)$.

反思本题解题的关键在于利用函数的奇偶性,将要比较大小的函数值所对应的自变量转化到同一单调区间内.

例3 已知 $f(x)=x^5+ax^3+bx-8$,且 $f(-2)=10$,求 $f(2)$ 的值.

解析 设 $g(x)=x^5+ax^3+bx$,则 $g(x)$ 是 **R** 上的奇函数,所以 $g(-2)=-g(2)$.而 $f(x)=g(x)-8$,所以 $f(-2)=g(-2)-8=10,g(-2)=18$,于是 $g(2)=-g(-2)=-18$.故 $f(2)=g(2)-8=-18-8=-26$.

反思熟记奇、偶函数的概念并灵活运用.

 课堂小测试

一、选择题

1.已知偶函数 $f(x)$ 在 $[-1,0]$ 上是增函数,且最大值为 5,那么 $f(x)$ 在 $[0,1]$ 上是( ).

    A.增函数,最小值为 5   B.增函数,最大值为 5

    C.减函数,最小值为 5   D.减函数,最大值为 5

2.四个结论中,正确命题的个数是( ).

①偶函数的图像一定与 y 轴相交;②奇函数的图像一定通过原点;③偶函数的图像关于 y 轴对称;④既是奇函数,又是偶函数的函数一定是 $f(x)=0(x\in \mathbf{R})$.

    A.1   B.2   C.3   D.4

3. 下列函数中是奇函数的是( ).

   A. $y=x+3$ B. $y=x^2+1$ C. $y=x^3$ D. $y=x^3+1$

4. 函数 $f(x)=x^2+(1-m)x-m$ 为偶函数,则 m 的取值范围为( ).

   A. 2   B. 1   C. -1 D. 0

5. 函数 $f(x)$ 的定义域为 $(a,2-a^2)$,且 $f(x)$ 为奇函数,则 $a=$( ).

   A. -1 或 2   B. -1 C. 2   D. 3

6. 已知函数 $f(x)=ax^2+bx+c(a\neq 0)$ 是偶函数,那么 $g(x)=ax^3+bx^2+cx(a\neq 0)$ 是( ).

   A. 奇函数   B. 偶函数

   C. 既是奇函数又是偶函数   D. 非奇非偶函数

7. 已知函数 $f(x)=ax^2+bx+3a+b$ 是偶函数,且其定义域为 $[a-1,2a]$,则( ).

   A. $a=\dfrac{1}{3}, b=0$ B. $a=-1, b=0$

   C. $a=1, b=0$ D. $a=3, b=0$

8. $f(x)$ 是定义在 $\mathbf{R}$ 上的奇函数,当 $x\leqslant 0$ 时,$f(x)=2x^2-x$,则 $f(1)=$( ).

   A. -3 B. -1 C. 1   D. 3

9. $f(x)$、$g(x)$ 都是奇函数,$F(x)=af(x)+bg(x)+2$ 在 $(0,+\infty)$ 上有最大值 5,则 $F(x)$ 在 $(-\infty,0)$ 上有( ).

   A. 最小值 -5 B. 最大值 -5 C. 最小值 -1 D. 最大值 -3

10. 已知偶函数 $f(x)$ 在 $(-3,-2)$ 是增函数,那么在 $(2,3)$ 上是( ).

    A. 增函数   B. 减函数   C. 先增后减   D. 先减后增

11. 设 $f(x)$ 是定义在 $\mathbf{R}$ 上的偶函数,且在 $(-\infty,0)$ 内是增函数,则 $f(-1)$ 与 $f(a^2-2a+2)(a\in\mathbf{R})$ 的大小关系是( ).

    A. $f(-1)<f(a^2-2a+2)$ B. $f(-1)\leqslant f(a^2-2a+2)$

    C. $f(-1)>f(a^2-2a+2)$ D. $f(-1)\geqslant f(a^2-2a+2)$

二、填空题

12. 写出下列条件下相应的点:

    (1)已知点 $P(-2,3)$,点 P 关于 x 轴的对称点的坐标为_____.

    (2)已知点 $P(x,y)$,点 P 关于 y 轴对称点的坐标为_____,点 P 关于原点 O 的对称点的坐标为_____.

    (3)设函数 $y=f(x)$,在函数图像上任取一点 $P(a,f(a))$,点 P 关于 y 轴的对称点的坐标与关于原点 O 的对称点的坐标分别为_____、_____.

13. 函数 $f(x)=(x-1)(x+2a)$ 为偶函数,则常数 $a=$_____,此函数的单调递增区间为_____.

14. 函数 $f(x)=2x^2+1$ 是_____函数,函数 $f(x)=x^3-x$ 是_____函数.(填奇偶性)

15. 函数 $f(x)=(x+a)(x^2+2x)$ 是奇函数,则 $a=$_____.

16. 函数 $y=3x^2+2(a-1)x-6$ 在 $(-\infty,1)$ 上是减函数,在 $(1,+\infty)$ 上是增函数,则 a 的值为_____.

17. 若 $f(x)=(m-1)x^2+2mx+3$ 是偶函数,则 $m=$_____.

三、解答题

18. 已知函数 $f(x)$ 是定义在 **R** 上的奇函数,且当 $x>0$ 时,$f(x)=x^3+2x^2-1$,求 $f(x)$ 在 **R** 上的表达式.

19. $f(x)$ 是二次函数,且 $f(-1)=0$,$f(x+1)-f(x)=-2x+1$,求函数 $f(x)$ 的解析式.

20. 已知函数 $f(x)$ 满足 $2f(x)+f\left(\dfrac{1}{x}\right)=4x$.

   (1) 求 $f(1)$ 的值；　　　　(2) 求函数 $f(x)$ 的解析式.

21. 已知 $f(x)$ 是偶函数，$g(x)$ 是奇函数，若 $f(x)+g(x)=\dfrac{1}{x-1}$，求 $f(x)$、$g(x)$ 的解析式.

22. 判断下列函数的奇偶性：

   (1) $f(x)=x^3$；　　　　(2) $f(x)=\sqrt{x}$；

   (3) $f(x)=x-1$；　　　　(4) $f(x)=\dfrac{1}{x^2}$.

3.3.3 几种常见的函数

1. 掌握几种常见的函数：一次函数、反比例函数和二次函数.
2. 掌握几种常见函数的性质、图像和应用.

例1 已知一次函数满足 $f[f(x)]=4x-5$，求 $f(x)$ 的解析式.

分析 一次函数可设为 $f(x)=kx+b$.

解 设 $f(x)=kx+b$.

$$f[f(x)]=k(kx+b)+b=k^2x+kb+b=4x-5$$

即有 $\begin{cases} k^2=4 \\ kb+b=5 \end{cases}$

$\therefore \begin{cases} k=4 \\ b=-\dfrac{5}{3} \end{cases}$ 或 $\begin{cases} k=4 \\ b=5 \end{cases}$

例2 设反比例函数 $y=\dfrac{k}{x}(k\neq 0)$ 的图像经过点 $(-2,-1)$，问函数图像是否一定经过点 $(2,1)$？

分析 反比例函数是奇函数，图像关于原点对称.

解 $y=\dfrac{k}{x}(k\neq 0)$ 是奇函数，图像关于原点对称，点 $(-2,-1)$ 关于原点的对称点是 $(2,1)$，所以函数图像一定经过点 $(2,1)$.

一、解答题

1. 已知二次函数的顶点为 $(1,2)$，且过点 $(-2,6)$，求函数的解析式.

2.若函数 $f(x)=(2x+m)(x^2-2x)$ 是奇函数,求 m 的值.

3.4 函数的应用

1.初步掌握建立函数模型(函数关系式)的一般方法,会运用常见的函数模型来求解一些简单的实际问题.

2.学习建立实际问题的函数模型,培养提高分析问题与解决问题的能力.

一、常见函数类型

(1)一次函数模型:$y=kx+b(k、b$ 为常数且 $k\neq 0)$.

(2)二次函数模型:$y=ax^2+bx+c(a、b、c$ 为常数,且 $a\neq 0)$.

二、建立函数模型求解实际问题的方法与步骤

(1)理解题意:认真审题,准确理解题意,熟悉问题的实际背景,弄清问题中已知的是什么,要解决的是什么.

(2)建立函数模型:引进数学符号,用数学式子来表达问题中各个变量之间的相互关系,将实际问题转化为数学问题,即建立问题的函数模型.

(3)求解函数模型:运用所学数学知识求出结果,并进行检验,得到符合问题的实际意义的解.

例1 将进货价每件90元的商品按每件100元出售,能卖出500件.根据市场调查,这种商品每件若涨价1元,其销售量就减少10件,为了获取最大利润,销售价应定为每

件多少元?

解析 设每件涨价 x 元,利润为 y 元,则
$$y=(100+x-90)(500-10x)=-10(x-20)^2+9000(x>0),$$
所以 $x=20$ 时,y 最大,因此销售价应定为每件 120 元.

例2 某校计划购买某种品牌电脑一批,可选择从两个公司进货.甲公司销售 4000 元/台,优惠条件是购买 10 台以上时,从第 11 台开始可按售价的 70% 打折;乙公司售价 4000 元/台,优惠条件是每台均按售价的 85% 打折.在电脑品牌、质量、售后服务完全相同的前提下,如何根据购置电脑的台数选择从哪个公司进货,可使得购置电脑的总金额最少(要求通过计算公式说明理由).

解析 设购置电脑的台数为 x,在甲公司购置电脑的总金额为 y_1 元,在乙公司购置电脑的总金额为 y_2 元,因为 $2800=4000\times 70\%$,则

$$y_1=\begin{cases} 4000x & 0<x\leqslant 10 \\ 40000+2800(x-10), & x>10 \end{cases},$$

$$y_2=4000\times\frac{85}{100}x=3400x.$$

由 $y_1=y_2$ 有 $40000+2800(x-10)=3400x$,解之得 $x=20$.

$0<x<20$ 时,$y_1>y_2$,选择从乙公司进货;

当 $x=20$ 时,$y_1=y_2$,甲、乙两公司任选一个公司进货;

当 $x>20$ 时,$y_1<y_2$,选择从甲公司进货.

课堂小测试

一、填空题

1. 每瓶饮料的单价为 2.5 元,用解析法表示应付款 y 和购买饮料瓶数 x 之间的函数关系式为_____.

2. 长方形的面积为 20cm,则它的长 y(cm) 和宽 x(cm) 之间的函数关系式是_____.

3. 长方体的一个顶点的三条棱的长分别是 2cm,3cm,4cm,则该长方体的表面积为_____.

4. 长为 20cm 的钢条围成一个长方体的框架,且长方体底面的长是宽的 3 倍,则此长方体的体积 y 与底面的宽 x 的函数关系式是_____.

5. 某种原料要支付固定的手续费 50 元,设这种原料的价格为 20 元/kg 请写出采购费 y(元) 与采购量 x(kg) 之间的函数解析式_____.

二、选择题

6. 一辆汽车匀速行驶 2 小时,行驶路程为 130km,则这辆汽车行驶的路程 s(km)与时间 t(h)之间的函数关系是( ).

   A. $s=2t(t\geq 0)$ B. $s=6.5t(t\geq 0)$ C. $s=65t(t\geq 0)$ D. $s=130t(t\geq 0)$

7. 商品如果价格不变,购买 5 件需付 90 元,则购买这种商品的总金额 y 与商品件数 x 之间的函数关系式是( ).

   A. $y=5x, x\in \mathbf{N}$ B. $y=18x, x\in \mathbf{N}$

   C. $y=90x, x\in \mathbf{N}$ D. $y=450x, x\in \mathbf{N}$

8. 将 10000 元现金以活期储蓄的方式存入银行,若年利率为 0.03％,则存满 5 年的本利和(按单利计算)是( ).

   A. 10015 元   B. 10150 元   C. 10180 元   D. 11500 元

三、解答题

9. 用长 6 米的铝材做一个日字形窗框,试问窗框的高和宽各为多少时窗户的采光面积最大?最大面积是多少?

10. 某种图书原定价为每本 10 元,预计售出总量为 1 万册,经过市场分析,如果每本价格上涨 $x\%$,售出总量将减少 $0.5x\%$,问 x 为何值时,这种书的销售额最大?此时每本书的售价是多少元?最大销售额为多少元?

11. 用一块宽为 60cm 的长方形铝板，两边折起做成一个横截面为等腰梯形的水槽（上口敞开），已知梯形的腰与底边的夹角为 60°，求每边折起的长度为多少时，才能使水槽的横截面面积最大？最大面积为多少？

12. 某种商品每件成本为 5 元，经市场调查发现，若售价定为 15 元/件，可卖出 100 件，单价每提高 1 元，则销售减少 4 件．问当售价定为多少元时投资少且利润最大？最大利润为多少元？（为了结算方便，该商场的所有商品售价为整数）

13. 某旅行社组织职业学校的学生去实践基地参观，旅行社租车的基本费用是 1500 元，最多容纳 60 人．如果把每人的收费标准定为 90 元，则只有 35 人参加，高于 90 元，则无人参加．如果收费标准每优惠 2 元，参加的人数就增加一人，求收费标准定为多少时，旅行社获得利润最大，最大利润是多少？

14. 通过研究学生的学习行为,专家发现:学生注意力随着老师讲课时间的变化而变化,设 $f(x)$ 表示学生注意力随时间 t(分钟)的变化规律,$f(x)$ 越大,表示学生注意力越集中,通过实验分析得知:

$$f(x)=\begin{cases}-t^2+24t+100, & (0<t\leqslant10)\\ 240, & (10<t<20)\\ -7t+380, & (20\leqslant t\leqslant45)\end{cases}$$

(1)讲课开始后 5 分钟与 25 分钟比较,何时学生的注意力更集中?

(2)讲课开始后多少分钟,学生注意力最集中?能持续多少分钟?

15. 某广告公司设计一块周长为 8 米的矩形广告牌,广告设计费为每平方米 1000 元,设矩形一边长为 x 米,面积为 S 平方米.

(1)求 S 与 x 的函数关系式及 x 的取值范围.

(2)为使广告牌费用最多,广告牌的长和宽分别为多少米?求此时的广告费.

16. 某校办工厂生产某种机器零件,日销售量 x(件)与销售价 P(元/件)之间的关系为 $P=160-2x$,生产 x 件零件的成本为 $R=500+30x$ 元,若产品都可以销售出去,问:

(1)该工厂销售量多大时,日利润不少于1300元?

(2)该工厂销售量多大时,日获利最多,最多获利是多少?

第3章检测题

———★★★———

总分:120分 时间:120分钟 得分:_____分

一、选择题

1. 函数 $y=\dfrac{\sqrt{2-x^2}}{x}$ 的定义域为( ).

   A. $(-\sqrt{2},\sqrt{2})$ B. $(-\sqrt{2},0)\cup(0,\sqrt{2})$

   C. $[-\sqrt{2},\sqrt{2}]$ D. $[-\sqrt{2},0]\cup(0,\sqrt{2}]$

2. 若 $f(x)=x^2+2x$,则 $f(-x)=$( ).

   A. $-x^2+2x$ B. x^2-2x C. $-x^2-2x$ D. x^2+2x

3. 若 $f(x)$ 满足关系式 $f(x)+4f\left(\dfrac{1}{x}\right)=10x$,则 $f(1)$ 的值为( ).

   A. 2 B. -2 C. $\dfrac{5}{2}$ D. $-\dfrac{5}{2}$

4. 下列函数是偶函数的是( ).

   A. $y=x^2-x$ B. $y=x^2+x$ C. $y=x^3+x$ D. $y=-x^4-x^2$

5. 函数 $y=|x|$ 的图像不经过( ).

   A. 第一、第二象限 B. 第一、第三象限

   C. 第二、第三象限 D. 第三、第四象限

6. 若 $y=\sqrt{x}-1$,则( ).

   A. $y>0$ B. $y\geqslant 0$ C. $y>-1$ D. $y\geqslant -1$

7. 点 $M(m,n)$ 关于 y 轴的对称点是( ).

   A. $(m,-n)$ B. $(-m,n)$ C. $(-m,-n)$ D. (n,m)

8. 已知函数 $f(x)=ax^3+bx$,且 $f(-2)=8$,则 $f(2)=($).

   A. -2 B. 2 C. -8 D. 8

9. 下列四组函数表示同一函数的是( ).

   A. $y=x+2$ 与 $y=\dfrac{x^2-4}{x-2}$ B. $y=\sqrt{x^2}$ 与 $y=(\sqrt{x})^2$

   C. $y=\sqrt{x+3}\sqrt{x-3}$ 与 $y=\sqrt{x^2-9}$ D. $f(x)=\sqrt{x^2}$ 与 $g(t)=|x|$

10. 函数 $y=x^2-x-2$ 的减区间是( ).

    A. $(2,+\infty)$ B. $(-\infty,-1)$ C. $\left(-\infty,\dfrac{1}{2}\right)$ D. $\left(\dfrac{1}{2},+\infty\right)$

11. 下列函数中既是奇函数又是增函数的是( ).

    A. $y=-\dfrac{1}{3}x$ B. $y=\dfrac{1}{x}$ C. $y=3x^2$ D. $y=2x$

12. 偶函数 $y=f(x)$ 在 $(3,5)$ 上是增函数,且有最大值 7,则在 $(-5,-3)$ 是( ).

    A. 增函数且有最大值 7 B. 减函数且有最大值 7
    C. 增函数且有最小值 7 D. 减函数且有最小值 7

13. 已知偶函数 $g(x)$ 在 $[-1,0]$ 上是减函数,且最小值为 5,那么 $g(x)$ 在 $[0,1]$ 上是( ).

    A. 减函数,最大值为 5 B. 减函数,最小值为 5
    C. 增函数,最大值为 5 D. 增函数,最小值为 5

14. 函数 $y=\sqrt{3+2x-x^2}$ 的值域为( ).

    A. $(-\infty,2]$ B. $[2,+\infty)$ C. $[0,2]$ D. $(0,2)$

15. 函数 $f(x)=|x|$ 和 $g(x)=x(2-x)$ 的递增区间依次是( ).

    A. $(-\infty,0],(-\infty,1]$ B. $(-\infty,0],[1,+\infty)$
    C. $[0,+\infty),(-\infty,1]$ D. $[0,+\infty),(1,+\infty]$

二、填空题

16. 已知函数 $f(x)=x^2-1$,则 $f(0)=$ _____,$f(-2)=$ _____.

17. 若 $f(x)=x^2+x$,则 $f(1-x)=$ _____.

18. $y=(x+1)(x-m)$ 是偶函数,则 $m=$ _____.

19. 若函数 $y=x^2+bx+c$ 在区间 $[0,+\infty)$ 内是单调函数,则实数 b 的取值范围是 _____.

20. 若函数 $y=3x^2-2(1-a)x+6$ 在 $(-\infty,1)$ 上是减函数,在 $(1,+\infty)$ 上是增函数,则 a 的值为 _____.

三、解答题

21. 已知函数 $f(x)=2x^2-3$,求 $f(-1),f(0),f(2),f(a)$.

22. $f(x)=\begin{cases} x^2+1, x\geqslant 0 \\ x-1, x<0 \end{cases}$ 试求 $f(-3)$ 和 $f(x^2+1)$.

23. 已知函数 $f(x)$ 在定义域 $(-3,3)$ 内是减函数,且 $f(a-2)-f(2-3a)>0$,求实数 a 的取值范围.

24. 已知函数 $f(x)=\begin{cases}2x+1, x\leqslant 0\\ 3-x^2, 0<x\leqslant 3\end{cases}$,

(1)求 $f(x)$ 的定义域;(2)求 $f(-2), f(0), f(3)$ 的值.

25. 设函数 $f(x)=-3x^2+2$,讨论以下问题:

(1)求 $f(2), f(0), f(-2)$ 的值;(2)证明函数在 $(0,+\infty)$ 内为减函数.

26. 判断下列函数的奇偶性.

(1) $f(x)=4x^3-2x$;(2) $f(x)=(x+1)\sqrt{\dfrac{x-1}{x+1}}$.

27. 用一根长 20cm 的铁丝围成一个矩形框架,矩形的边长为多少时,矩形的面积最大?最大为多少?

28. 某租赁公司拥有汽车 100 辆,当每辆车的月租金为 3000 元时,可全部租出,当每辆车的月租金每增加 50 元时,未租出的车将会增加一辆,租出的车每辆每月需维护费 150 元,未租出的车每辆每月需要维护费 50 元.
    (1)当每辆车的月租金定为 3600 元时,能租出多少车辆?
    (2)当每辆车的月租金定为多少时,租赁公司的月收益最大?最大月收益是多少?

29. 某地区上年度电价为 0.80 元/千瓦时,年用电量为 a 千瓦时. 本年度计划将电价降到 0.55 元/千瓦时至 0.75 元/千瓦时之间,而用户期望电价为 0.4 元/千瓦时. 经测算,下调电价后新增的用电量与实际电价和用户期望电价的差成反比(比例系数为 k). 该地区电力的成本为 0.3 元/千瓦时.
    (1) 写出本年度电价下调后,电力部门的收益 y 与实际电价 x 的函数关系式.
    (2) 设 $k=0.2a$,当电价最低定为多少时,仍可保证电力部门的收益比上年至少增长 20%?(注:收益=实际用电量×(实际电价-成本价)).

第4章　三角函数

 知识构架

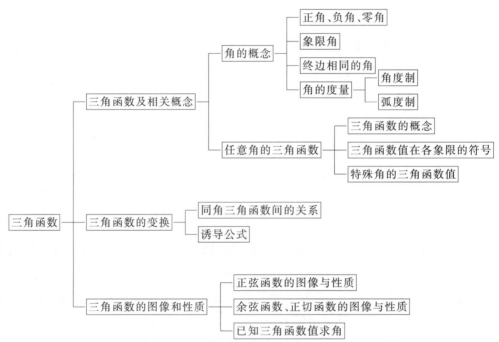

4.1 角的概念推广

学习目标导航

1. 了解任意角的概念及正角、零角、负角和象限角的概念.

2. 理解终边相同的角的表示方法.

3. 体会类比、数形结合、运动变化的观点和数学思想方法.

4.1.1 任意角

知识要点梳理

一、任意角的概念

1. 任意角的概念

角可以看成平面内一条射线绕着它的端点从一个位置旋转到另一个位置所形成的图形,如图 5.1-1 所示,一条射线的端点是 O,它从起始位置 OA 按逆时针方向旋转到终止位置 OB,形成了一个角 α. 其中点 O 是角 α 的顶点,射线 OA 是角 α 的始边,射线 OB 是角 α 的终边.

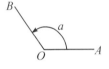

图 4.1-1

2. 正角、负角、零角

(1)正角:按逆时针方向旋转形成的角叫做正角.

(2)负角:按顺时针方向旋转形成的角叫做负角.

(3)零角:如果一条射线没有作任何旋转,也认为形成了一个角,叫做零角.

由此可知,钟表的时针或分针在旋转时所形成的角为负角.

这样,引入正、负角和零角后,我们就把角的概念推广到了任意角.

二、象限角与坐标轴重合的角

1. 象限角的定义

将角放在直角坐标系中,使角的顶点与坐标原点重合,角的始边与 x 轴的非负半轴重合,终边落在第几象限,就称这个角是第几象限的角.

2. 与坐标轴重合的角的定义

当角的顶点与坐标原点重合,角的始边与 x 轴的非负半轴重合时,如果角的终边落在坐标轴上,则称这个角为与坐标轴重合的角,又叫做界限角,也叫做轴线角,它不属于任何象限.

如果角的顶点不与坐标原点重合,或者角的始边不与 x 轴的非负半轴重合,则不能判断这个角是第几象限的角,也不能判断这个角是与坐标轴重合的角,一定要注意这个前提条件.

3.象限角的集合

(1)第一象限的角的集合:$\{\alpha|k\cdot 360°<\alpha<90°+k\cdot 360°, k\in \mathbf{Z}\}$.

(2)第二象限的角的集合:$\{\alpha|k\cdot 360°+90°<\alpha<180°+k\cdot 360°, k\in \mathbf{Z}\}$

(3)第三象限的角的集合:$\{\alpha|k\cdot 360°+180°<\alpha<270°+k\cdot 360°, k\in \mathbf{Z}\}$.

(4)第四象限的角的集合:$\{\alpha|k\cdot 360°+270°<\alpha<360°+k\cdot 360°, k\in \mathbf{Z}\}$.

4.与坐标轴重合的角的集合

(1)终边在 x 轴的非负半轴上的角的集合:$\{\alpha|\alpha=k\cdot 360°, k\in \mathbf{Z}\}$.

(2)终边在 x 轴的负半轴上的角的集合:$\{\alpha|\alpha=180°+k\cdot 360°, k\in \mathbf{Z}\}$.

(3)终边在 y 轴的非负半轴上的角的集合:$\{\alpha|\alpha=90°+k\cdot 360°, k\in \mathbf{Z}\}$.

(4)终边在 y 轴的负半轴上的角的集合:$\{\alpha|\alpha=270°+k\cdot 360°, k\in \mathbf{Z}\}$.

(5)终边在 x 轴上的角的集合:$\{\alpha|\alpha=k\cdot 180°, k\in \mathbf{Z}\}$.

(6)终边在 y 轴上的角的集合:$\{\alpha|\alpha=k\cdot 180°+90°, k\in \mathbf{Z}\}$.

注意:

1)象限角和与坐标轴重合的角的集合的表示形式并不唯一,还有其他的形式.

2)锐角是 $0°<\alpha<90°$ 的角,$0°\sim 90°$ 的角是指 $0°\leq \alpha<90°$ 的角,小于 $90°$ 的角包括锐角、$0°$ 的角(零角)和负角.

3)第一象限角是指 $\{\alpha|k\cdot 360°<\alpha<90°+k\cdot 360°, k\in \mathbf{Z}\}$ 中的角.

典型例题剖析

例1 下列命题正确的是( ).

A.第一象限角都是锐角 B.小于 $90°$ 的角都是锐角

C.$0°\sim 90°$ 的角都是第一象限角 D.锐角都是第一象限角

解答 第一象限角是 $\{\alpha|k\cdot 360°<\alpha<90°+\alpha\cdot 360°, k\in \mathbf{Z}\}$,第一象限角不一定是锐角。小于 $90°$ 的角包含锐角、零角和负角。$0°\sim 90°$ 的角是 $0°\leq \alpha<90°$,$0°$ 的角不属于任何象限的角,故选 D.

课堂小测试

一、选择题

1. 下列说法正确的是( ).

   A. 第二象限的角一定是钝角　　　　B. 钝角一定是第二象限的角

   C. 大于 90° 的角一定是钝角　　　　D. 第一象限的角一定是正角

2. $-92°$ 的角的终边在( ).

   A. 第一象限　　　　　　　　　　　B. 第二象限

   C. 第三象限　　　　　　　　　　　D. 第四象限

二、解答题

1. 在直角坐标系中分别做出下列角,并指出它们是第几象限的角或界限角.

   (1) $-210°$;　　　(2) $225°$;　　　(3) $450°$;

   (4) $600°$;　　　(5) $-300°$;　　　(6) $630°$.

4.1.2 终边相同的角

知识要点梳理

一、终边相同的角

与角 α 终边相同的角 β 可以表示为 $\beta=\alpha+k\cdot 360°(k\in \mathbf{Z})$,连同角 α 在内,可以构成一个集合 $S=\{\beta|\beta=\alpha+k\cdot 360°,k\in \mathbf{Z}\}$ 即与角 α 终边相同的角的集合.

在这里要注意以下四点:

(1) α 为任意角.

(2)相等的角,终边一定相同;终边相同的角不一定相等.与角α终边相同的角有无数多个,它们彼此相差360°的整数倍.

(3)$k \in \mathbf{Z}$这一条件不能少.

(4)任一与角α终边相同的角都可以表示为角α与整数个周角的和.

例1 写出与下列各角终边相同的角的集合,在0°~360°范围内,找出与下列各角终边相同的角,并判断它们是第几象限角.

(1)−240°;(2)750°.

分析 与角α终边相同的角$\beta = \alpha + k \cdot 360°(k \in \mathbf{Z})$,然后通过调整$k$的值即可获解.

解答 (1)与−240°终边相同的角的集合为$\{\beta | \beta = 240° + k \cdot 360°, k \in \mathbf{Z}\}$.当$k=1$时,$\beta = -240° + 1 \times 360° = 120°$.故在0°~360°范围内,与−240°终边相同的角是120°,它是第二象限角.

(2)与750°终边相同的角的集合为$\{\beta | \beta = 750° + k \cdot 360°, k \in \mathbf{Z}\}$.当$k=-2$时,$\beta = 750° + (-2) \times 360° = 30°$.故在0°~360°范围内,与750°终边相同的角是30°,它是第一象限角.

一、选择题

1.下列命题正确的是(　　).

A.终边相同的角一定相等　　　　B.第二象限角大于第一象限角

C.90°角是第二象限角　　　　　　D.锐角一定是正角

2.已知集合$A = \{\alpha | \alpha < 90°\}$,$B = \{\alpha | \alpha 为第一象限的角\}$,则$A \cap B = (　　)$.

A.$\{\alpha | \alpha 为锐角\}$　　　　　B.$\{\alpha | \alpha < 90°\}$

C.$\{\alpha | \alpha 为第一象限角\}$　　D.以上都不对

3.下列角中终边与330°相同的角是(　　).

A.30°　　　　B.−30°　　　　C.630°　　　　D.−630°

4.与1303°终边相同的角是(　　).

A.763°　　　　B.493°　　　　C.−137°　　　　D.−47°

5.终边与坐标轴重合的角α的集合是(　　).

A.$\{\alpha | \alpha = k \cdot 360°, k \in \mathbf{Z}\}$　　　　B.$\{\alpha | \alpha = k \cdot 180° + 90°, k \in \mathbf{Z}\}$

C. $\{\alpha | \alpha = k \cdot 180°, k \in \mathbf{Z}\}$ D. $\{\alpha | \alpha = k \cdot 90°, k \in \mathbf{Z}\}$

6. 下列各组角中,终边相同的是( ).

   A. $40°, -40°$ B. $50°, 400°$ C. $70°, -290°$ D. $150°, 450°$

二、填空题

7. 第三象限的角的取值范围是_____.

8. 在 $0° \sim 360°$ 范围内与 $-480°$ 角终边相同的角是_____.

9. $2130°$ 的角所在的象限是_____.

10. 终边在 x 轴负半轴的角的集合可以表示为_____.

三、解答题

11. 在 $0° \sim 360°$ 范围内,找出分别与下列各角终边相同的角,并判断它们是第几象限的角.

   (1) $-285°$;   (2) $-630°$;

   (3) $580°$;   (4) $-50°$.

12. 已知 $\alpha = -60°$,回答下列问题:

   (1) 写出所有与 α 终边相同的角;

   (2) 写出在 $(-720°, 360°)$ 内与 α 终边相同的角;

13.经过一个小时,钟表的时针和分针各转过多少度?

4.2 弧度制

学习目标导航

1.理解弧度制,能进行角度与弧度的互化.
2.了解弧长公式与扇形面积公式.
3.体会类比、数形结合、运动变化的观点和数学思想方法.

知识要点梳理

一、弧度制

1.弧度的概念

长度等于半径的圆弧所对的圆心角叫做 1 弧度的角,记作 1rad,读作 1 弧度.以弧度为单位来度量角的单位制叫做弧度制.如图4.2-1所示,圆 O 的半径为1,AB 的长为1,则 $\angle AOB$ 就是 1 弧度的角,记作 $\angle AOB=1\text{rad}$.

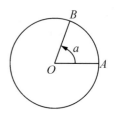

图 4.2-1

理解弧度的概念要注意以下两点:

(1)弧度制的单位为"弧度",角度制的单位为"度",在书写时"弧度(或 rad)"可以省去,而度(°)却不能省去,否则被视为弧度.

(2)只要弧长与圆的半径相等,则所对应的圆心角就是 1rad,与圆的半径大小无关;在角度制中规定周角的 $\dfrac{1}{360}$ 为 1° 的角.

(3)弧度制与角度制不能混用,如 $\alpha=30°+2k\pi(k\in \mathbf{Z}),\beta=\dfrac{\pi}{4}+k\cdot 360°(k\in \mathbf{Z})$ 都是不规范的写法.

2.弧度数

(1)正角的弧度数是一个正数,负角的弧度数是一个负数,零角的弧度数是零.

(2)在半径为 r 的圆中,长度为 l 的弧所对的圆心角的弧度数的绝对值是 $|\alpha|=\dfrac{l}{r}$ (rad).在这里角 α 的正负由角 α 的终边的旋转方向决定.

3.弧度与角度的换算

$$360°=2\pi(\text{rad}) \Rightarrow \begin{cases} 1°=\dfrac{\pi}{180}(\text{rad})\approx 0.01745(\text{rad}) \\ 1(\text{rad})=\left(\dfrac{180}{\pi}\right)°\approx 57.3° \end{cases}$$

4.常用特殊角的弧度数(表 4.2-1)

表 4.2-1

度	0°	30°	45°	60°	75°	90°	120°	135°	150°	180°	270°	360°
弧度	0	$\dfrac{\pi}{6}$	$\dfrac{\pi}{4}$	$\dfrac{\pi}{3}$	$\dfrac{5\pi}{12}$	$\dfrac{\pi}{2}$	$\dfrac{2\pi}{3}$	$\dfrac{3\pi}{4}$	$\dfrac{5\pi}{6}$	π	$\dfrac{3\pi}{2}$	2π

二、弧长公式与扇形面积公式

1.弧长公式

$l=|\alpha|r$(α 是半径为 r 的圆中,弧长为 l 的弧所对的圆心角的弧度数).

2.扇形面积公式

由于半径为 r 的圆的面积 $S=\pi r^2$,它所对的圆心角的绝对值为 2π rad,所以 1rad 的圆心角所对的扇形面积是 $\dfrac{\pi r^2}{2\pi}=\dfrac{r^2}{2}$,弧长 l 所对的圆心角的绝对值是 $\dfrac{l}{r}$,所以弧长为 l 的扇形面积 $S=\dfrac{\pi r^2}{2\pi}\times\dfrac{l}{r}=\dfrac{1}{2}lr$,而 $l=|\alpha|r$,所以 $S=\dfrac{1}{2}|\alpha|r^2$.因此,扇形的面积公式为:

$S=\dfrac{1}{2}lr$ 或 $S=\dfrac{1}{2}|\alpha|r^2$.

典型例题剖析

例1 把下列各角用弧度或角度表示:

(1)$-315°$;(2)$120°$;(3)$\dfrac{7\pi}{12}$;(4)$-\dfrac{5\pi}{3}$.

分析 利用角度与弧度的换算关系:$1°=\dfrac{\pi}{180}$ rad,$1\text{rad}=\left(\dfrac{180}{\pi}\right)°$.

解答 (1)$-315°=-315\times\dfrac{\pi}{180}=-\dfrac{7\pi}{4}$;

(2)$120°=120\times\dfrac{\pi}{180}=\dfrac{2\pi}{3}$;

(3) $\dfrac{7\pi}{12} = \dfrac{7\pi}{12} \times \dfrac{180°}{\pi} = 105°$;

(4) $-\dfrac{5\pi}{3} = -\dfrac{5\pi}{3} \times \dfrac{180°}{\pi} = -300°$.

例2 某种型号的柴油机的飞轮直径为 0.96m，飞轮每分钟按逆时针方向旋转 300 转.

(1) 求飞轮每分钟转过的弧度数；

(2) 求飞轮圆周上的一点每秒经过的弧长.(精确到 0.01m)

分析 飞轮每旋转 1 转所转过的弧度数为 2π.

解答 (1) $2\pi \times 300 = 600\pi$.

(2) 因为飞轮每分钟按逆时针方向旋转 300 转，所以它每秒按逆时针方向旋转 5 转. 由弧长公式 $l = |\alpha| r$ 得 $l = 2\pi \times 5 \times \dfrac{0.96}{2} = 4.8\pi \approx 15.08 (m)$.

答：飞轮每分钟转过的弧度数是 600π；飞轮圆周上的一点每秒经过的弧为 15.08m.

例3 已知扇形 OAB 的圆心角为 150°，半径 r 为 10，求扇形的弧长和面积.

分析 利用弧长公式 $l = |\alpha| r$ 和扇形面积公式 $S = \dfrac{1}{2} |\alpha| l r$ 或 $S = \dfrac{1}{2} |\alpha| r^2$ 直接计算.

解答 因为 $\alpha = 150°$，所以 $\alpha = 150 \times \dfrac{\pi}{180} = \dfrac{5\pi}{6}$.

又因为弧长 $l = |\alpha| r$，扇形面积 $S = \dfrac{1}{2} |\alpha| r^2$，

所以弧长 $l = \dfrac{5\pi}{6} \times 10 = \dfrac{25\pi}{3}$，扇形面积 $S = \dfrac{1}{2} \times \dfrac{5\pi}{6} \times 10^2 = \dfrac{125\pi}{3}$.

课堂小测试

一、选择题

1. 圆周的几分之几所对应的圆心角等于 1°( ).

A. $\dfrac{1}{36}$　　B. $\dfrac{1}{18}$　　C. $\dfrac{1}{180}$　　D. $\dfrac{1}{360}$

2. 长度等于半径的圆弧所对的圆心角叫做( ).

A. 1 弧度的角　　B. 2 弧度的角　　C. 3 弧度的角　　D. 4 弧度的角

3. 下列命题正确的是( ).

A. 正角的弧度为负数　　　　B. 负角的弧度为正数

C. 正角的弧度为正数　　　　D. 零角的弧度无法确定

4. 把 $-215°$ 化成弧度是（　　）.

   A. $-\dfrac{43\pi}{72}$　　　　B. $-\dfrac{43\pi}{36}$　　　　C. $-\dfrac{43}{36}$　　　　D. $-\dfrac{43}{72}$

5. 圆的半径是 6cm，则 $15°$ 的圆心角与圆弧围成的扇形的面积是（　　）.

   A. $\dfrac{\pi}{2}\text{cm}^2$　　　　B. $\dfrac{3\pi}{2}\text{cm}^2$　　　　C. πcm^2　　　　D. $3\pi\text{cm}^2$

6. $-\dfrac{29\pi}{6}$ 所在象限是（　　）.

   A. 第一象限　　　　B. 第二象限　　　　C. 第三象限　　　　D. 第四象限

二、填空题

7. 若角 $\alpha = 3$，则角 α 是第_____象限角.

8. 经过 2 小时，时针转过了_____弧度，分针转过了_____弧度.

9. 第二象限的角的集合用弧度可以表示为_____.

10. 设半径为 2，圆心角 α 所对的弧长为所对的弧长为 7，则 $\alpha=$_____.

三、解答题

11. 把下列各角由弧度化成角度，并判断它们是第几象限的角.

    (1) $-\dfrac{20\pi}{3}$；　　　　　　　　(2) $\dfrac{19\pi}{4}$；

    (3) $-\dfrac{26\pi}{5}$；　　　　　　　　(4) $-\dfrac{11\pi}{3}$.

12. 已知一个扇形的圆心角为 $\frac{2\pi}{3}$，半径为 12，求扇形的弧长和面积.

4.3 任意角的三角函数

1. 理解任意角的三角函数的定义，能根据角的终边上一点的坐标求三角函数.
2. 理解正弦函数、余弦函数和正切函数的定义及定义域.
3. 能利用终边相同的角的同名三角函数的值相等来求三角函数值.
4. 理解各象限角的三角函数值的符号，并能判断.
5. 理解并牢记终边与坐标轴重合的特殊角 $\left(0, \frac{\pi}{2}, \pi, \frac{3\pi}{2}\right)$ 的三角函数值.
6. 掌握利用计算器分别在角度制和弧度制模式下求三角函数值的方法.
7. 通过本节学习，学会使用定义法、公式法和数形结合法解题，体会数形结合的思维，养成逻辑推理的良好习惯.

4.3.1 任意角的三角函数定义

一、任意角的三角函数的定义

如图 4.3-1，设 α 是一个任意角，在 α 的终边上任取一个与原点 O 不重合的点 $P(x,y)$，设它到原点的距离为 r，则 $r=\sqrt{x^2+y^2}>0$，并且 $\sin\alpha=\frac{y}{r}$；$\cos\alpha=\frac{x}{r}$；$\tan\alpha=\frac{y}{x}$.

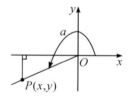

图 4.3-1

理解任意角的三角函数的定义要注意以下几点：

(1) 正弦 ($\sin\alpha$)、余弦 ($\cos\alpha$)、正切 ($\tan\alpha$) 都是以角为自变量，以角的终边上不与原点重合的点的坐标的比值为函数值的函数，分别叫做角 α 的正弦函数、余弦函数、正切函数,统称为角 α 的三角函数.

(2) $\sin\alpha$ 是一个整体,不是 $\sin$ 与 α 的乘积,它是正弦函数的一个记号. $\cos\alpha$,$\tan\alpha$ 也是如此.

(3)根据一个角 α 的终边上与原点 O 不重合的任一点的坐标,由任意角的三角函数的定义可以求出 $\sin\alpha$,$\cos\alpha$,$\tan\alpha$ 的值.

(4)三角函数值的大小由角 α 确定,与点 P 在终边上的位置无关.

二、三角函数的定义域和值域

由三角函数的定义,可得三角函数的定义域和值域,如表 4.3-1 所示:

表 4.3-1 三角函数的定义域和值域

三角函数	定义	定义域	值域
$\sin\alpha$	$\dfrac{y}{r}$	$\mathbf{R}$	$[-1,1]$
$\cos\alpha$	$\dfrac{x}{r}$	$\mathbf{R}$	$[-1,1]$
$\tan\alpha$	$\dfrac{y}{x}$	$\{\alpha \mid \alpha \neq \dfrac{\pi}{2}+k\pi, k \in \mathbf{Z}\}$	$\mathbf{R}$

三、终边相同的角的同名三角函数

根据三角函数的定义,终边相同的角的同名三角函数的值相等,即 $\sin(\alpha+2k\pi)=\sin\alpha$,$\cos(\alpha+2k\pi)=\cos\alpha$,$\tan(\alpha+2k\pi)=\tan\alpha$,$k\in\mathbf{Z}$.

利用这组公式,可以把任意一个绝对值大于 2π 的角的三角函数,转化为求 $[0,2\pi]$ 之间的角的三角函数.由这组公式可知,三角函数值有"周而复始"的变化规律,即角 α 的终边每绕原点旋转一周,三角函数值重复出现.

典型例题剖析

例 1 已知第二象限的角 θ 终边上一点 $P(a,\sqrt{3})$,且 $\cos\theta=\dfrac{\sqrt{2}a}{6}$,求 $\sin\theta$ 和 $\tan\theta$ 的值.

分析 由于 θ 是第二象限的角,所以 $a<0$.由三角函数的定义可先求出 a 的值,确定点 P 的坐标,再求 $\sin\theta$ 和 $\tan\theta$.

解答 点 $P(a,\sqrt{3})$ 到原点的距离 $r=\sqrt{a^2+3}$,由三角函数的定义可知,$\cos\theta=\dfrac{a}{\sqrt{a^2+3}}=\dfrac{\sqrt{2}}{6}a$.

因为 θ 是第二象限的角,所以 $a<0$,于是 $a=-\sqrt{15}$.

因此,$\sin\theta=\dfrac{y}{r}=\dfrac{\sqrt{3}}{\sqrt{15+3}}=\dfrac{\sqrt{6}}{6}$,$\tan\theta=\dfrac{y}{x}=\dfrac{\sqrt{3}}{-\sqrt{15}}=-\dfrac{\sqrt{5}}{5}$.

课堂小测试

一、选择题

1. 若 $\sin\alpha>0$,$\cos\alpha>0$,则角 α 为(　　)

　　A. 第一象限角　　　　　　　　B. 第二象限角
　　C. 第三象限角　　　　　　　　D. 第四象限角

2. 若 $30°$ 角的终边上有一点 $(2,-a)$,则 a 的值为(　　)

　　A. -1　　　　B. $-\dfrac{2\sqrt{3}}{3}$　　　　C. $\dfrac{2\sqrt{3}}{3}$　　　　D. 无法确定

3. 已知角 α 的终边经过点 $(5,-\sqrt{3})$,则 $\tan\alpha$ 的值是(　　)

　　A. $-\sqrt{3}$　　　　B. $\dfrac{\sqrt{3}}{5}$　　　　C. $-\dfrac{\sqrt{3}}{5}$　　　　D. $-\dfrac{5\sqrt{3}}{3}$

二、填空题

4. 设点 $\left(\dfrac{1}{2},\dfrac{-\sqrt{3}}{2}\right)$ 在角 α 的终边上,则 $\cos\alpha=$ _____,$\tan\alpha=$ _____.

5. 已知点 $P(3,4)$ 是角 α 终边上的任意一点,则 $\cos\alpha-\tan\alpha=$ _____.

三、解答题

6. 若点 $P(-5,m)$ 是角 α 终边上的一点,且 $\tan\alpha=\dfrac{12}{5}$,求 $\tan\alpha$ 和 $\cos\alpha$ 的值.

4.3.2　单位圆与三角函数

知识要点梳理

一、各象限角的三角函数值的符号

各象限角的三角函数值的符号是根据三角函数的定义和各象限内点 (x,y) 的坐标的符号推导出来的. 因为 $\sin\alpha=\dfrac{y}{r}$,$\cos\alpha=\dfrac{x}{r}$,$\tan\alpha=\dfrac{y}{x}$,其中 $r=\sqrt{x^2+y^2}>0$,所以正弦的符号与纵坐标 y 的符号相同,余弦的符号与横坐标 x 的符号相同,正切的符号取决于 x

与 y 同号还是异号,若 x 与 y 同号,则正切为正,若 x 与 y 异号,则正切为负.详见图 4.3-2:

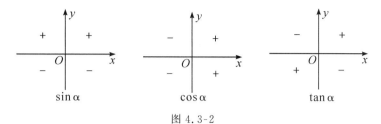

图 4.3-2

图 4.3-2 中的规律可概括为口诀:一全正、二正弦、三正切、四余弦.意思就是说,第一象限的角的各三角函数值均为正,第二象限的角只有余弦为正,第三象限的角只有正切为正,第四象限的角只有余弦为正,其余均为负.

二、特殊角的三角函数值

角度 α	0°	30°	45°	60°	90°	120°	135°	150°	180°	270°	360°
弧度 α	0	$\dfrac{\pi}{6}$	$\dfrac{\pi}{4}$	$\dfrac{\pi}{3}$	$\dfrac{\pi}{2}$	$\dfrac{2\pi}{3}$	$\dfrac{3\pi}{4}$	$\dfrac{5\pi}{6}$	π	$\dfrac{3\pi}{2}$	2π
$\sin\alpha$	0	$\dfrac{1}{2}$	$\dfrac{\sqrt{2}}{2}$	$\dfrac{\sqrt{3}}{2}$	1	$\dfrac{\sqrt{3}}{2}$	$\dfrac{\sqrt{2}}{2}$	$\dfrac{1}{2}$	0	-1	0
$\cos\alpha$	1	$\dfrac{\sqrt{3}}{2}$	$\dfrac{\sqrt{2}}{2}$	$\dfrac{1}{2}$	0	$-\dfrac{1}{2}$	$-\dfrac{\sqrt{2}}{2}$	$-\dfrac{\sqrt{3}}{2}$	-1	0	1
$\tan\alpha$	0	$\dfrac{\sqrt{3}}{3}$	1	$\sqrt{3}$	不存在	$-\sqrt{3}$	-1	$-\dfrac{\sqrt{3}}{3}$	0	不存在	0

 典型例题剖析

例 1 (1) 若 $\sin\theta>0$ 且 $\tan\theta<0$,则 θ 是第_____象限的角;

(2) 确定 $\tan\dfrac{37\pi}{12}$ 的符号.

分析 对于第(1)题分别由 $\sin\theta>0$ 且 $\tan\theta<0$ 来确定角 θ 的终边位置;对于第(2)题,先确定 $\dfrac{37\pi}{12}$ 是第几象限的角.

解答 (1) 因为 $\sin\theta>0$,所以 θ 是第一、第二象限的角或角的终边在 y 轴的正半轴上.

又因为 $\tan\theta<0$,所以 θ 是第二或第四象限的角.

由此可知,θ 是第二象限的角.

(2) 因为 $\dfrac{37\pi}{12}=\dfrac{13\pi}{12}+2\pi$,所以 $\dfrac{37\pi}{12}$ 是第三象限角,故 $\tan\dfrac{37\pi}{12}>0$.

例 2 求下列函数的定义域:

(1) $y=\dfrac{\sin x-\cos x}{\tan x}$;(2) $y=\sqrt{-\sin x}$.

分析 在(1)中,分母必须不等于0;在(2)中,被开方数必须大于或等于0.

解答 (1)要使函数有意义,需 $\tan x \neq 0$,

所以 $x \neq \dfrac{\pi}{2}+k\pi$,且 $x \neq k\pi, k\in \mathbf{Z}$.

因此,函数的定义域是 $\left\{x \mid x \neq \dfrac{k\pi}{2}, k\in \mathbf{Z}\right\}$.

(2)要使函数有意义,需 $-\sin x \geqslant 0$,即 $\sin x \leqslant 0$,

所以,$\pi+2k\pi \leqslant x \leqslant 2\pi+2k\pi, k\in \mathbf{Z}$.

因此,函数的定义域是 $\{x \mid \pi+2k\pi \leqslant x \leqslant 2\pi+2k\pi, k\in \mathbf{Z}\}$.

例 3 求下列各式的值:

(1) $\sin 450°-\cos 1110°-\tan 765°$;

(2) $\cos\left(-\dfrac{5\pi}{3}\right)-\sin\dfrac{7\pi}{3}+\tan\dfrac{9\pi}{4}$.

分析 利用终边相同的角的同名三角函数值相等,将其转化为求 $0°\sim 360°$ 之间的角的三角函数值.

解答 (1)原式 $=\sin(360°+90°)-\cos(360°\times 3+30°)-\tan(360°\times 2+45°)$

$=\sin 90°-\cos 30°-\tan 45°$

$=1-\dfrac{\sqrt{3}}{2}-1$

$=-\dfrac{\sqrt{3}}{2}$.

(2)原式 $=\cos\left(\dfrac{\pi}{3}-2\pi\right)-\sin\left(\dfrac{\pi}{3}+2\pi\right)+\tan\left(\dfrac{\pi}{4}+2\pi\right)$

$=\cos\dfrac{\pi}{3}-\sin\dfrac{\pi}{3}+\tan\dfrac{\pi}{4}$

$=\dfrac{1}{2}-\dfrac{\sqrt{3}}{2}+1$

$=\dfrac{3-\sqrt{3}}{2}$.

 课堂小测试

一、选择题

1.下列各三角函数值大于零的是( ).

A. $\sin(-2600°)$ B. $\cos 4200°$ C. $\sin\dfrac{3\pi}{2}$ D. $\sin\dfrac{10\pi}{3}$

2. 若 $\sin\alpha\tan\alpha<0$，则角 α 是（　　）.

　　A. 第二象限角　　　　　　　　B. 第三象限角

　　C. 第二或三象限角　　　　　　D. 第二或四象限角

3. 角 α 的终边过点 $P(-4k,3k)$，$k<0$，则 $\cos\alpha$ 的值是（　　）.

　　A. $\dfrac{\sqrt{3}}{5}$　　　　B. $\dfrac{4}{5}$　　　　C. $-\dfrac{3}{5}$　　　　D. $-\dfrac{4}{5}$

二、填空题

4. 若角 θ 的终边经过点 $M(-4,3)$ 则 $\sin\theta=$ _____，$\cos\theta=$ _____，$\tan\theta=$ _____.

5. $\sin 765°=$ _____.

6. 函数 $y=\sqrt{\sin x}+\sqrt{-\cos x}$ 的定义域是 _____.

7. 函数 $y=\tan\left(x-\dfrac{\pi}{4}\right)$ 的定义域是 _____.

三、解答题

8. 计算：$4\sin\dfrac{\pi}{2}+\cos 0-4\tan 0+\dfrac{6}{7}\tan\pi+\tan\dfrac{\pi}{3}$.

9. 求值：$\tan\dfrac{\pi}{4}+2\sin\dfrac{7\pi}{3}-3\tan\dfrac{13\pi}{6}+\sqrt{2}\cos\left(-\dfrac{7\pi}{4}\right)$.

4.4 同角三角函数的基本关系

学习目标导航

1. 理解同角三角函数的基本关系式.
2. 能运用同角三角函数的基本关系式进行三角函数的化简、求值与证明.
3. 通过学习,养成探究、分析的习惯,体会转化与化归的数学思想.

知识要点梳理

一、同角三角函数的基本关系式

(1)平方关系:$\sin^2\alpha + \cos^2\alpha = 1$,即同一个角的正弦与余弦的平方和等于1.

(2)商数关系:$\dfrac{\sin\alpha}{\cos\alpha} = \tan\alpha$,即同一个角的正弦与余弦的商等于这个角的正切.

二、理解同角三角函数的基本关系式要注意以下五点:

(1)同角三角函数的基本关系式有两个,揭示的是同一个角的正弦、余弦或正切之间的关系,又叫做同角公式.

(2)同角三角函数的基本关系式仅当角 α 的值使得等式两边都有意义时才成立.

(3)$\sin^2\alpha$ 是 $(\sin\alpha)^2$ 的简写,读作"$\sin\alpha$ 的平方",不能将 $\sin^2\alpha$ 写成 $\sin\alpha^2$,前者是 α 的正弦的平方,后者是 α 平方的正弦,两者是不同的.

(4)平方关系还有下列等价形式:$\sin^2\alpha = 1 - \cos^2\alpha$,$\cos^2\alpha = 1 - \sin^2\alpha$.

(5)商数关系还有下列等价形式:$\tan\alpha\cos\alpha = \sin\alpha$,$\dfrac{\sin\alpha}{\tan\alpha} = \cos\alpha$.

典型例题剖析

例1 已知 $\cos\alpha = -\dfrac{8}{17}$,求 $\sin\alpha$,$\tan\alpha$ 的值.

分析 由平方关系 $\sin^2\alpha + \cos^2\alpha = 1$ 及 $\cos\alpha = -\dfrac{8}{17}$,先求出 $\sin\alpha$ 的值.

解答 因为 $\cos\alpha = -\dfrac{8}{17} < 0$,且 $\cos\alpha \neq -1$,所以 α 是第二或第三象限的角.

当 α 是第二象限的角时,$\sin\alpha = \sqrt{1 - \cos^2\alpha} = \sqrt{1 - \left(-\dfrac{8}{17}\right)^2} = \dfrac{15}{17}$,

$$\tan\alpha = \frac{\sin\alpha}{\cos\alpha} = \frac{15}{17} \times \left(-\frac{17}{8}\right) = -\frac{15}{8}.$$

当 α 是第三象限的角时，$\sin\alpha = -\sqrt{1-\cos^2\alpha} = -\sqrt{1-\left(-\frac{8}{17}\right)^2} = -\frac{15}{17}$，

$$\tan\alpha = \frac{\sin\alpha}{\cos\alpha} = -\frac{15}{17} \times \left(-\frac{17}{8}\right) = \frac{15}{8}.$$

例 2 (1) 已知 $\sin\alpha + \cos\alpha = \frac{2}{3}$, $\alpha \in \left(\frac{\pi}{2}, \pi\right)$，求 $\sin\alpha - \cos\alpha$ 及 $\sin\alpha\cos\alpha$ 的值；

(2) 已知 $\sin\alpha\cos\alpha = \frac{1}{3}$, $\alpha \in \left(\frac{5\pi}{4}, \frac{3\pi}{2}\right)$，求 $\sin\alpha + \cos\alpha$ 的值.

分析 题中所涉及的角是同一个角，所以可利用同角三角函数的基本关系式来求解．由题中出现的 $\sin\alpha$ 和 $\cos\alpha$ 使我们联想到平方关系，因而就不难想到使用平方法将等式 $\sin\alpha + \cos\alpha = \frac{2}{3}$ 的两边平方．

解答 (1) 因为 $\sin\alpha + \cos\alpha = \frac{2}{3}$，所以 $(\sin\alpha + \cos\alpha)^2 = \frac{4}{9}$，

即 $\sin^2\alpha + \cos^2\alpha + 2\sin\alpha\cos\alpha = \frac{4}{9}$，

而 $\sin^2\alpha + \cos^2\alpha = 1$，所以 $\sin\alpha\cos\alpha = -\frac{5}{18}$.

由于 $\alpha \in \left(\frac{\pi}{2}, \pi\right)$，所以 $\sin\alpha > 0$, $\cos\alpha < 0$，从而 $\sin\alpha - \cos\alpha > 0$，

又因为 $(\sin\alpha - \cos\alpha)^2 = \sin^2\alpha + \cos^2\alpha - 2\sin\alpha\cos\alpha = 1 + \frac{5}{9} = \frac{14}{9}$，

所以 $\sin\alpha - \cos\alpha = \sqrt{\frac{14}{9}} = \frac{\sqrt{14}}{3}$.

(2) 因为 $\sin\alpha\cos\alpha = \frac{1}{3}$，所以 $(\sin\alpha + \cos\alpha)^2 = \sin^2\alpha + \cos^2\alpha + 2\sin\alpha\cos\alpha = \frac{5}{3}$.

而 $\alpha \in \left(\frac{5\pi}{4}, \frac{3\pi}{2}\right)$，所以 $\sin\alpha + \cos\alpha < 0$.

因此，$\sin\alpha + \cos\alpha = -\sqrt{(\sin\alpha + \cos\alpha)^2} = -\sqrt{\frac{5}{3}} = -\frac{\sqrt{15}}{3}$.

例 3 已知 $\tan\alpha = 3$，求下列各式的值：

(1) $\dfrac{3\sin\alpha - 2\cos\alpha}{2\sin\alpha + 3\cos\alpha}$；

(2) $3\sin^2\alpha + 4\sin\alpha\cos\alpha - 2\cos^2\alpha$.

分析 由于已知 $\tan\alpha$ 的值，所以可用 $\tan\alpha$ 来分别表示题中的两个待求式子，最后代入 $\tan\alpha$ 的值即可.

解答 (1) 原式 $=\dfrac{\dfrac{3\sin\alpha}{\cos\alpha}-\dfrac{2\cos\alpha}{\cos\alpha}}{\dfrac{2\sin\alpha}{\cos\alpha}+\dfrac{3\cos\alpha}{\cos\alpha}}=\dfrac{3\tan\alpha-2}{2\tan\alpha+3}=\dfrac{3\times 3-2}{2\times 3+3}=\dfrac{7}{9}.$

(2) 原式 $=\dfrac{3\sin^2\alpha+4\sin\alpha\cos\alpha-2\cos^2\alpha}{\sin^2\alpha+\cos^2\alpha}$

$=\dfrac{\dfrac{3\sin^2\alpha}{\cos^2\alpha}+\dfrac{4\sin\alpha\cos\alpha}{\cos^2\alpha}-\dfrac{2\cos^2\alpha}{\cos^2\alpha}}{\dfrac{\sin^2\alpha}{\cos^2\alpha}+\dfrac{\cos^2\alpha}{\cos^2\alpha}}$

$=\dfrac{3\tan^2\alpha+4\tan\alpha-2}{\tan^2\alpha+1}$

$=\dfrac{3\times 3^2+4\times 3-2}{3^2+1}=\dfrac{37}{10}.$

例 4 求证：$\dfrac{\cos^2 x-\sin^2 x}{1-2\sin x\cos x}=\dfrac{1+\tan x}{1-\tan x}.$

分析 可以从恒等式的左边往右边证，即弦化切，也可以从右边往左边证，即切化弦．

解答 证法一：因为左边 $=\dfrac{\cos^2 x-\sin^2 x}{\cos^2 x+\sin^2 x-2\sin x\cos x}$

$=\dfrac{(\cos x-\sin x)(\cos x+\sin x)}{(\cos x-\sin x)^2}$

$=\dfrac{\cos x+\sin x}{\cos x-\sin x}$

$=\dfrac{\dfrac{\cos x}{\cos x}+\dfrac{\sin x}{\cos x}}{\dfrac{\cos x}{\cos x}-\dfrac{\sin x}{\cos x}}=\dfrac{1+\tan x}{1-\tan x}=$ 右边，

所以 $\dfrac{\cos^2 x-\sin^2 x}{1-2\sin x\cos x}=\dfrac{1+\tan x}{1-\tan x}.$

证法二：因为右边 $=\dfrac{\dfrac{\cos x}{\cos x}+\dfrac{\sin x}{\cos x}}{\dfrac{\cos x}{\cos x}-\dfrac{\sin x}{\cos x}}=\dfrac{\cos x+\sin x}{\cos x-\sin x}$

$=\dfrac{(\cos x-\sin x)(\cos x+\sin x)}{(\cos x-\sin x)(\cos x-\sin x)}$

$=\dfrac{\cos^2 x-\sin^2 x}{1-2\sin x\cos x}=$ 左边，

所以 $\dfrac{\cos^2 x-\sin^2 x}{1-2\sin x\cos x}=\dfrac{1+\tan x}{1-\tan x}.$

证法三:因为左边 $=\dfrac{\cos^2 x-\sin^2 x}{\cos^2 x+\sin^2 x-2\sin x\cos x}$

$=\dfrac{(\cos x-\sin x)(\cos x+\sin x)}{(\cos x-\sin x)^2}$

$=\dfrac{\cos x+\sin x}{\cos x-\sin x}$,

右边 $=\dfrac{1+\tan x}{1-\tan x}=\dfrac{1+\dfrac{\sin x}{\cos x}}{1-\dfrac{\sin x}{\cos x}}=\dfrac{\cos x+\sin x}{\cos x-\sin x}$,

所以 $\dfrac{\cos^2 x-\sin^2 x}{1-2\sin x\cos x}=\dfrac{1+\tan x}{1-\tan x}$.

提示:证明三角恒等式的方法比较多,基本的方法有如下几种:

(1)单向启动法:从一边开始,证得它等于另一边,一般由"繁"的一边证向"简"的一边,如证法一和证法二;

(2)左右归一法:证得恒等式的左右两边都等于同一个式了,如证法三;

(3)作差法或作商法:证得"左边－右边＝0"或"$\dfrac{左边}{右边}=1$".

课堂小测试

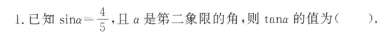

一、选择题

1.已知 $\sin\alpha=\dfrac{4}{5}$,且 α 是第二象限的角,则 $\tan\alpha$ 的值为( ).

A.$\dfrac{3}{4}$　　　　B.$\dfrac{4}{3}$　　　　C.$-\dfrac{3}{4}$　　　　D.$-\dfrac{4}{3}$

2.若 $|\sin\alpha|=-\sin\alpha$,则角 α 的终边在( ).

A.第一、第二象限　　　　B.第一、第二象限或 y 轴的正半轴

C.第三、第四象限　　　　D.第三、第四象限或 y 轴的负半轴

3.已知 $\dfrac{3\pi}{2}<\alpha<2\pi$,且 $\cos\alpha=\dfrac{12}{13}$,则 $\sin\alpha$ 的值是( ).

A.$\dfrac{5}{13}$　　　　B.$-\dfrac{5}{13}$　　　　C.$\dfrac{5}{12}$　　　　D.$-\dfrac{5}{12}$

4.已知 $\dfrac{\sin\alpha-2\cos\alpha}{3\sin\alpha+5\cos\alpha}=-5$,那么 $\tan\alpha$ 的值为( ).

A.-2　　　　B.2　　　　C.$\dfrac{23}{16}$　　　　D.$-\dfrac{23}{16}$

5.若 $f(\cos x)=\cos 2x$,$f(\sin 15°)=($).

A. $\dfrac{1}{2}$ B. $-\dfrac{1}{2}$ C. $\dfrac{\sqrt{3}}{2}$ D. $-\dfrac{\sqrt{3}}{2}$

6. 已知 $\sin\theta=\dfrac{m-3}{m+5}$，$\cos\theta=\dfrac{4-2m}{m+5}$ $\left(\dfrac{\pi}{2}<\theta<\pi\right)$，则 $\tan\theta=($ $)$.

A. $\dfrac{4-2m}{m-3}$ B. $\pm\dfrac{m-3}{4-2m}$ C. $-\dfrac{5}{12}$ D. $-\dfrac{3}{4}$ 或 $-\dfrac{5}{12}$

二、填空题

7. 在 $\triangle ABC$ 中，若 $\cos A=\dfrac{3}{5}$，则 $\sin A=$ _____，$\tan A=$ _____.

8. 已知 $\tan\alpha=\dfrac{1}{2}$，则 $\dfrac{3\sin\alpha\cos\alpha}{2\sin^2\alpha-\cos^2\alpha}=$ _____，$\sin\alpha\cos\alpha=$ _____.

9. $\sqrt{1-\cos^2 390°}=$ _____.

10. 已知 $\sin\alpha\cos\alpha=\dfrac{1}{4}$，且 $\alpha\in\left(\pi,\dfrac{5\pi}{4}\right)$，则 $\sin\alpha+\cos\alpha=$ _____.

三、解答题

11. 已知 $\tan\theta=2$，求 $\sin^2\theta+\sin\theta\cos\theta-2\cos^2\theta$.

12. 计算：$\dfrac{\sqrt{1-2\sin 40°\cos 40°}}{\sin 40°-\sqrt{1-\sin^2 40°}}$.

13. 已知 $\sin\alpha - \cos\alpha = \dfrac{\sqrt{10}}{5}, \alpha \in (\pi, 2\pi)$

(1) 求 $\sin\alpha\cos\alpha$ 的值;(2) 求 $\sin\alpha + \cos\alpha$ 的值.

4.5 诱导公式

1. 了解诱导公式：$2k\pi + \alpha, -\alpha, \pi \pm \alpha$ 的正弦、余弦和正切的内容及其作用.
2. 能应用诱导公式解决有关三角函数求值、化简和证明的问题.
3. 体会利用诱导公式把未知问题转化为已知问题的数学思想方法.

一、$2k\pi + \alpha (k \in \mathbf{Z})$ 的诱导公式

因为角 $2k\pi + \alpha (k \in \mathbf{Z})$ 与角 α 的终边相同，所以有 $2k\pi + \alpha (k \in \mathbf{Z})$ 的诱导公式：

$$\sin(2k\pi + \alpha) = \sin\alpha \, (k \in \mathbf{Z});$$
$$\cos(2k\pi + \alpha) = \cos\alpha \, (k \in \mathbf{Z});$$
$$\tan(2k\pi + \alpha) = \tan\alpha \, (k \in \mathbf{Z}).$$

利用这一组公式，可以把任意角的三角函数转化为 $0° \sim 360°$ 范围内角的三角函数.

二、$-\alpha$ 的诱导公式

因为角 $-\alpha$ 与角 α 的终边关于 x 轴对称，所以有 $-\alpha$ 的诱导公式：

$$\sin(-\alpha) = -\sin\alpha;$$
$$\cos(-\alpha) = \cos\alpha;$$
$$\tan(-\alpha) = -\tan\alpha.$$

利用这一组公式，可以把任意一个负角的三角函数转化为正角的三角函数.

三、$\pi + \alpha$ 的诱导公式

因为角 π+α 的终边与角 α 的终边关于原点对称,所以有 π+α 的诱导公式:

$$\sin(\pi+\alpha)=-\sin\alpha;$$
$$\cos(\pi+\alpha)=-\cos\alpha;$$
$$\tan(\pi+\alpha)=\tan\alpha.$$

利用这一组公式,可以把第三象限角的三角函数化为第一象限角的三角函数.

四、π−α 的诱导公式

因为角 π−α 的终边与角 α 的终边关于 y 轴对称,所以有 π−α 的诱导公式:

$$\sin(\pi-\alpha)=\sin\alpha;$$
$$\cos(\pi-\alpha)=-\cos\alpha;$$
$$\tan(\pi-\alpha)=-\tan\alpha.$$

利用这一组公式,可以把第二象限角的三角函数化为第一象限角的三角函数.

对于这四组诱导公式,可用口诀"函数名不变,符号看象限"来记忆. 在确定符号时,不管 α 是多大的角均把它看成锐角. 如 $\cos(\pi+\alpha)$,当 α 为锐角时,π+α 为第三象限的角,其余弦为负数,故有 $\cos(\pi+\alpha)=-\cos\alpha$.

典型例题剖析

例 1 求下列各三角函数值:

(1) $\sin(-690°)\cos 1140°\tan\dfrac{11\pi}{6}$;

(2) $\sin\dfrac{7\pi}{6}\cos\dfrac{5\pi}{3}\tan\dfrac{7\pi}{4}$.

分析 利用诱导公式,将已知角的三角函数转化为锐角的三角函数来求值.

解答 (1) 原式 $=-\sin 690°\cos(330°+2\times 360°)\tan\left(2\pi-\dfrac{\pi}{6}\right)$

$=-\sin(-30°+720°)\cos 330°\left(-\tan\dfrac{\pi}{6}\right)$

$=-\sin 30°\cos 30°\tan\dfrac{\pi}{6}$

$=-\dfrac{1}{2}\times\dfrac{\sqrt{3}}{2}\times\dfrac{\sqrt{3}}{3}$

$=-\dfrac{1}{4}.$

(2) 原式 $=\sin\left(\pi+\dfrac{\pi}{6}\right)\cos\left(2\pi-\dfrac{\pi}{3}\right)\tan\left(2\pi-\dfrac{\pi}{4}\right)$

$$= -\sin\frac{\pi}{6}\cos\left(-\frac{\pi}{3}\right)\tan\left(-\frac{\pi}{4}\right)$$

$$= -\sin\frac{\pi}{6}\cos\frac{\pi}{3}\left(-\tan\frac{\pi}{4}\right)$$

$$= -\frac{1}{2} \times \frac{1}{2} \times (-1)$$

$$= \frac{1}{4}.$$

例 2 化简下列各式：

(1) $\dfrac{\cos(\pi+\alpha)\tan(\pi-\alpha)\tan(2\pi+\alpha)}{\sin(2\pi-\alpha)}$;

(2) $\dfrac{\sin(2\pi-\alpha)\tan(\pi+\alpha)\cos(\pi+\alpha)}{\cos(\pi-\alpha)\tan(3\pi-\alpha)\sin(-\alpha)}$.

分析 由于已知式中出现的角的形式不一致，所以可用诱导公式将它们转化为角 α 的三角函数.

解答 (1) 原式 $= \dfrac{-\cos\alpha(-\tan\alpha)\tan\alpha}{\sin(-\alpha)}$

$$= \dfrac{\cos\alpha \times \dfrac{\sin\alpha}{\cos\alpha} \times \tan\alpha}{-\sin\alpha}$$

$$= -\tan\alpha.$$

(2) 原式 $= \dfrac{\sin(-\alpha)\tan\alpha(-\cos\alpha)}{-\cos\alpha\tan(-\alpha)(-\sin\alpha)}$

$$= \dfrac{(-\sin\alpha)\tan\alpha(-\cos\alpha)}{-\cos\alpha(-\tan\alpha)(-\sin\alpha)}$$

$$= -1.$$

例 3 证明下列各式：

(1) $\dfrac{\tan(2\pi-\theta)\sin(2\pi-\theta)\cos(6\pi-\theta)}{(-\cos\theta)\sin(5\pi+\theta)}$;

(2) $1 - \sin(\pi-\alpha)\sin(2\pi+\alpha) - \cos^2(-\alpha) + \tan(\pi+\alpha) = \tan\alpha$.

分析 从待证等式的左右两边来看，角的形式不统一，左边的角的形式比较复杂，因而，可借助诱导公式统一角的形式，并且从等式的左边证往右边.

解答 (1) 左边 $= \dfrac{\tan(-\theta)\sin(-\theta)\cos(-\theta)}{(-\cos\theta)(-\sin\theta)}$

$$= \dfrac{(-\tan\theta)(-\sin\theta)\cos\theta}{(-\cos\theta)(-\sin\theta)} = \tan\theta = 右边,$$

因此，$\dfrac{\tan(2\pi-\theta)\sin(2\pi-\theta)\cos(6\pi-\theta)}{(-\cos\theta)\sin(5\pi+\theta)}.$

(2) 左边 $= 1 - \sin\alpha\sin\alpha - \cos^2\alpha + \tan\alpha$

$\qquad = (\sin^2\alpha + \cos^2\alpha) - \sin^2\alpha - \cos^2\alpha + \tan\alpha$

$\qquad = (\sin^2\alpha + \cos^2\alpha) - (\sin^2\alpha + \cos^2\alpha) + \tan\alpha$

$\qquad = \tan\alpha = $ 右边,

因此,$1 - \sin(\pi - \alpha)\sin(2\pi + \alpha) - \cos^2(-\alpha) + \tan(\pi + \alpha) = \tan\alpha.$

例 4 设 α 是第三象限的角,且 $\sin\alpha = -\dfrac{5}{13}$,求 $\dfrac{3\sin(\alpha - 3\pi) - 2\cos(-\alpha)}{5\sin(\alpha - 5\pi) + 9\cos(3\pi + \alpha)}$ 的值.

分析 先化简已知式,由 $\sin\alpha = -\dfrac{5}{13}$,求出 $\cos\alpha$ 的值,然后求得所要求的值.

解答 因为 α 是第三象限的角,且 $\sin\alpha = -\dfrac{5}{13}$,

所以 $\cos\alpha = -\sqrt{1 - \sin^2\alpha} = -\sqrt{1 - \left(-\dfrac{5}{13}\right)^2} = -\dfrac{12}{13}.$

于是,有 $\dfrac{3\sin(\alpha - 3\pi) - 2\cos(-\alpha)}{5\sin(\alpha - 5\pi) + 9\cos(3\pi + \alpha)}$

$\qquad = \dfrac{-3\sin\alpha - 2\cos\alpha}{-5\sin\alpha - 9\cos\alpha} = \dfrac{39}{133}.$

课堂小测试

一、选择题

1. $\sin(-390°)$ 的值是（　　）.

   A. $-\dfrac{1}{2}$ 　　B. 0 　　C. $\dfrac{1}{2}$ 　　D. 1

2. 已知 $\sin\alpha = m$,则 $\sin(\pi + \alpha)$ 的值为（　　）.

   A. m 　　B. 0 　　C. $-m$ 　　D. $1 - m$

3. $\cos 390°$ 的值是（　　）.

   A. $-\dfrac{\sqrt{3}}{2}$ 　　B. $-\dfrac{\sqrt{3}}{2}$ 　　C. $-\dfrac{1}{2}$ 　　D. $\dfrac{1}{2}$

4. $\sin^2 150° + \sin^2 135° + 2\sin 570° + \cos^2 225°$ 的值是（　　）.

   A. $\dfrac{11}{4}$ 　　B. $\dfrac{9}{4}$ 　　C. $\dfrac{3}{4}$ 　　D. $\dfrac{1}{4}$

5. 已知 $\sin\left(\dfrac{5\pi}{2} + \alpha\right) = \dfrac{1}{5}$,那么 $\cos\alpha = $（　　）.

   A. $-\dfrac{2}{5}$ 　　B. $-\dfrac{1}{5}$ 　　C. $\dfrac{1}{5}$ 　　D. $\dfrac{2}{5}$

6. 若 $\cos(2\pi-\alpha)=\dfrac{\sqrt{5}}{3}$，且 $\alpha\in\left(-\dfrac{\pi}{2},0\right)$，则 $\sin(\pi-\alpha)=$（　　）．

　A. $-\dfrac{\sqrt{5}}{3}$　　　　B. $-\dfrac{2}{3}$　　　　C. $-\dfrac{1}{3}$　　　　D. $\pm\dfrac{2}{3}$

二、填空题

7. $\cos\left(-\dfrac{2\pi}{3}\right)=$ _____．

8. 若 $\cos 32°=m$，则 $\cos 328°\tan 148°=$ _____．

9. $\cos(7\pi-\alpha)=$ _____．

10. $\dfrac{\cos(-585°)}{\tan 495°+\sin(-690°)}$ 的值是 _____．

三、解答题

11. 已知 $\dfrac{\sin(5\pi-\alpha)}{\cos(5\pi-\alpha)}=4$，求 $\dfrac{\sin(\alpha-3\pi)+\cos(\pi-\alpha)}{\sin(-\alpha)-\cos(\pi+\alpha)}$ 的值．

12. 设角 α 是第二象限的角，且 $\sin\alpha=\dfrac{4}{5}$，求 $\dfrac{\sin(\pi-\alpha)-\cos(3\pi-\alpha)}{\sin(\alpha-8\pi)+\cos(2\pi+\alpha)}$ 的值．

4.6 正弦函数的图像和性质

4.6.1 正弦函数的图像

学习目标导航

1. 掌握用"五点法"作正弦函数的图像的方法.
2. 能根据正弦函数的图像,得到它的定义域、值域、最小正周期、单调性和奇偶性等性质.
3. 理解正弦函数的图像和性质,并能运用这些性质求解有关问题.
4. 养成多观察、多动手、勤思考、善总结的良好学习习惯.

知识要点梳理

一、正弦曲线及五点法作图

1. 正弦曲线

正弦函数 $y=\sin x(x\in \mathbf{R})$ 的图像,叫做正弦曲线,如图 4.6-1 所示.

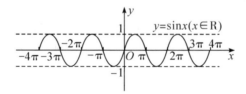

图 4.6-1

由上图可知,正弦曲线在一个最小正周期内有两个最值点(一个最大值点又叫最高点,一个最小值点又叫最低点)和三个零点(即与 x 轴有三个交点).

2. 五点法

点 $(0,0)$,$\left(\dfrac{\pi}{2},1\right)$,$(\pi,0)$,$\left(\dfrac{3\pi}{2},-1\right)$,$(2\pi,0)$,这五点是正弦函数 $y=\sin x,x\in[0,2\pi]$ 图像上起关键作用的五个点(一个最高点,一个最低点,三个零点),这五点描出后就可大致确定正弦函数 $y=\sin x,x\in[0,2\pi]$ 的图像.

由于终边相同的角的同名三角函数值相等,所以函数 $y=\sin x,x\in[2k\pi,(2k+1)\pi]$($k\in \mathbf{Z}$ 且 $k\neq 0$)的图像,与函数 $y=\sin x,x\in[0,2\pi]$ 的图像的形状完全一致,因此,只需把函数 $y=\sin x,x\in[0,2\pi]$ 的图像向左或向右平行移动(每次平行移动 2π 个单位长度),就可以得到正弦曲线.

二、周期函数

1. 周期函数的定义

一般地,对于函数 $y=f(x)$,如果存在一个非零常数 T,使得当 x 取定义域内的每一个值时,都有 $f(x+T)=f(x)$,则把函数 $y=f(x)$ 叫做周期函数,非零常数 T 叫做这个函数的周期.

对于一个周期函数,如果在它所有的周期中存在一个最小的正数,则这个最小正数叫做这个函数的最小正周期.

如果没有特别地说明,今后谈到三角函数的周期时,一般是指它的最小正周期.

2. 理解周期函数的定义要注意以下几点

(1) 周期函数的定义是对定义域中的每一个 x 值来说的,只有个别的 x 值满足 $f(x+T)=f(x)$ 时不能说 T 是 $f(x)$ 的周期.

例如:$\sin\left(\dfrac{\pi}{4}+\dfrac{\pi}{2}\right)=\sin\dfrac{\pi}{4}$,但是 $\sin\left(\dfrac{\pi}{3}+\dfrac{\pi}{2}\right)\neq\sin\dfrac{\pi}{3}$

就是说 $\dfrac{\pi}{2}$ 不能对于 x 在定义域内的每一个值都有 $\sin\left(x+\dfrac{\pi}{2}\right)=\sin x$,因此 $\dfrac{\pi}{2}$ 不是 $y=\sin x$ 的周期.

(2) 对于周期函数来说,如果所有的周期中存在着一个最小的正数,就称它为最小正周期.

(3) 并不是所有周期函数都存在最小正周期.

例如,常数函数 $f(x)=C$(C 为常数),$x\in\mathbf{R}$,当 x 为定义域内的任何值时,函数值都是 C,即对于函数 $f(x)$ 的定义域内的每一个 x 值,都有 $f(x+T)=C$,因此 $f(x)$ 是周期函数由于 T 可以是任意不为零的常数,而正数集合中没有最小者,所以常数函数 $f(x)=C$(C 为常数)没有最小正周期.

(4) "$f(x+T)=f(x)$"是定义域内的恒等式,即对定义域内的每一个值都成立,T 是非零常数,周期 T 是使函数值重复出现的自变量 x 的增加值.

(5) 周期函数的周期不止一个,若 T 是周期,则 $kT(k\in\mathbf{N}^*)$ 一定也是周期.

(6) 在周期函数 $y=f(x)$ 中,T 是周期,若 x 是定义域内的一个值,则 $x+kT(k\in\mathbf{Z}$,且 $k\neq 0)$ 也一定属于定义域,因此周期函数的定义域一定是无限集.

(7) 正弦函数 $y=\sin x$,$x\in\mathbf{R}$ 和余弦函数 $y=\cos x$,$x\in\mathbf{R}$ 是周期函数,$2k\pi(k\in\mathbf{Z}$,且 $k\neq 0)$ 都是它们的周期,最小正周期是 2π.

典型例题剖析

例 1 画出函数 $y = -2\sin x, x \in [0, 2\pi]$ 的简图.

分析 用五点法作图.

解答 (1) 列表(表 4.6-1):

表 4.6-1

x	0	$\dfrac{\pi}{2}$	π	$\dfrac{3\pi}{2}$	2π
$y = -2\sin x$	0	-2	0	2	0

(2) 描点,并用光滑的曲线将点 $(0,0)$, $\left(\dfrac{\pi}{2}, -2\right)$, $(\pi, 0)$, $\left(\dfrac{3\pi}{2}, 2\right)$, $(2\pi, 0)$ 连接起来,即得函数 $y = -2\sin x, x \in [0, 2\pi]$ 的简图,如图 4.6-2 所示.

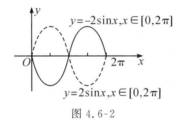

图 4.6-2

课堂小测试

解答题

利用"五点法"做出函数 $y = 2\sin x + 1$ 在 $[0, 2\pi]$ 上的图像.

4.6.2　正弦函数的性质

知识要点梳理

一、正弦函数的性质

1. 定义域

$y=\sin x$ 的定义域是 $(-\infty,+\infty)$.

2. 值域和最值

$y=\sin x$ 的值域是 $[-1,1]$,当 $x=\dfrac{\pi}{2}+2k\pi(k\in\mathbf{Z})$ 时,函数 y 取得最大值 1;当 $x=-\dfrac{\pi}{2}+2k\pi(k\in\mathbf{Z})$ 时,函数 y 取得最小值 -1.

对于定义域 $(-\infty,+\infty)$ 内的一切 x 值,恒有 $|\sin x|\leqslant 1$,即 $-1\leqslant\sin x\leqslant 1$ 这一结论又叫做正弦函数的有界性.

3. 周期性

$y=\sin x$ 是周期函数,$2\pi,4\pi\cdots$ 及 $-2\pi,-4\pi\cdots$ 都是它的周期,但它的最小正周期是 2π,在本书中的周期,如果不加特殊说明,都是指函数的最小正周期.因此,$y=\sin x$ 的周期是 2π.

4. 奇偶性

由诱导公式 $\sin(-x)=-\sin x$ 可知,$y=\sin x(x\in\mathbf{R})$ 是奇函数.因此,它的图像曲线关于原点对称.

5. 单调性

$y=\sin x$ 在每一个闭区间 $\left[-\dfrac{\pi}{2}+2k\pi,\dfrac{\pi}{2}+2k\pi\right](k\in\mathbf{Z})$ 上都是增函数,在每一个闭区间 $\left[\dfrac{\pi}{2}+2k\pi,\dfrac{3\pi}{2}+2k\pi\right](k\in\mathbf{Z})$ 上都是减函数.

典型例题剖析

例 1　求函数 $y=a\sin x+b(a,b\in\mathbf{R}$ 且 $a\neq 0)$ 的最大值和最小值.

分析　由 $\sin x\in[-1,1]$,分 $a>0$ 和 $a<0$ 来讨论.

解答　(1)若 $a>0$,则当 $\sin x=1$ 时,$y_{\max}=a+b$;
当 $\sin x=-1$ 时,$y_{\min}=-a+b$.

(2)若 $a<0$,则当 $\sin x=-1$ 时,$y_{\max}=-a+b$;
当 $\sin x=1$ 时,$y_{\min}=a+b$.

例2 比较下列各组数的大小：

(1) $\sin\left(-\dfrac{\pi}{3}\right)$ 与 $\sin\dfrac{\pi}{6}$； (2) $\sin\dfrac{4\pi}{3}$ 与 $\sin\dfrac{\pi}{5}$.

分析 对于第(1)题可构造正弦函数，利用其单调性来比较大小；对于第(2)题，由于 $\dfrac{4\pi}{3}$ 与 $\dfrac{\pi}{5}$ 不在正弦函数的同一单调区间内，因此可引入中间值0来比较大小.

解答 (1) 因为 $y=\sin x$ 在 $\left[-\dfrac{\pi}{2},\dfrac{\pi}{2}\right]$ 上是增函数，

且 $-\dfrac{\pi}{2}<-\dfrac{\pi}{3}<\dfrac{\pi}{6}<\dfrac{\pi}{2}$，

所以 $\sin\left(-\dfrac{\pi}{3}\right)<\sin\dfrac{\pi}{6}$.

(2) 因为 $\dfrac{4\pi}{3}$ 是第三象限角，$\dfrac{\pi}{5}$ 是第一象限角，

所以 $\sin\dfrac{4\pi}{3}<0,\ \sin\dfrac{\pi}{5}>0$，

故 $\sin\dfrac{4\pi}{3}<\sin\dfrac{\pi}{5}$.

课堂小测试

一、选择题

1. 函数 $y=-3\sin x$ 是（　　）.

   A. 奇函数　　　　　　　　　　B. 偶函数

   C. 既是奇函数又是偶函数　　　D. 既不是奇函数又不是偶函数

2. 函数 $y=\sin x$ 在下列哪个区间上是减函数（　　）.

   A. $\left[-\dfrac{\pi}{2},\dfrac{\pi}{2}\right]$　　B. $[0,\pi]$　　C. $\left[\dfrac{\pi}{2},\dfrac{3\pi}{2}\right]$　　D. $\left[\dfrac{3\pi}{2},\dfrac{5\pi}{2}\right]$

3. 函数 $y=\dfrac{1}{2}\sin 2x$ 的最大值是（　　）.

   A. -2　　　B. 2　　　C. $-\dfrac{1}{2}$　　　D. $\dfrac{1}{2}$

4. 函数 $y=\sin^2 x-2\sin x+2$ 的最小值是（　　）.

   A. -2　　　B. -1　　　C. 1　　　D. 3

5. 函数 $y=\sin x,\ x\in\left[-\dfrac{\pi}{6},\dfrac{2\pi}{3}\right]$ 的值域是（　　）.

   A. $[-1,1]$　　B. $\left[-\dfrac{1}{2},1\right]$　　C. $\left[-\dfrac{1}{2},\dfrac{\sqrt{3}}{2}\right]$　　D. $\left[\dfrac{1}{2},\dfrac{\sqrt{3}}{2}\right]$

6. 函数 $y=1-\sin x$ 的最小值是（　　）.

   A. -1　　　B. 0　　　C. -2　　　D. 1

二、填空题

7. 函数 $y=1+\sin 3x$ 的最大值是_____.

8. 若 $2\sin x+m=2$,则实数 m 的取值范围是_____.

9. 函数 $f(x)=\sqrt{\sin x-\dfrac{1}{2}}$,$x\in(0,2\pi)$ 的定义域是_____.

10. 函数 $y=2\sin x+1$,$\dfrac{\pi}{4}\leqslant x\leqslant\dfrac{3\pi}{4}$ 值域是_____.

三、解答题

11. 求适合 $\sin x=2n-1$ 的实数 n 的取值范围.

12. 求函数 $y=\dfrac{1}{\sin x+1}$ 的定义域.

13. 已知函数 $f(x)=-a\cos x+b(a>0)$ 的最大值是 $\dfrac{5}{2}$,最小值是 $\dfrac{1}{2}$,求 a 和 b 的值.

4.7 余弦函数的图像和性质

1. 掌握用"五点法"作余弦函数的图像的方法.
2. 能根据余弦函数的图像,得到余弦函数的定义域、值域、最小正周期、单调性和奇偶性等性质.
3. 理解余弦函数的图像和性质,并能运用这些性质求解有关问题.
4. 养成多观察、多动手、勤思考、善总结的良好学习习惯.

一、余弦曲线及五点法作图

1. 余弦曲线

余弦函数 $y=\cos x(x\in \mathbf{R})$ 的图像,叫做余弦曲线,如图 4.7-1 所示.

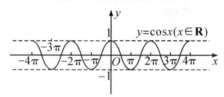

图 4.7-1

由上图可知,余弦曲线在一个最小正周期内,和正弦曲线一样也有两个最值点(一个最大值点一个最小值点,即一个最高点一个最低点),并且有三个零点(即与 x 轴有 3 个交点).

2. 五点法

点 $(0,1)$, $\left(\dfrac{\pi}{2},0\right)$, $(\pi,-1)$, $\left(\dfrac{3\pi}{2},0\right)$, $(2\pi,1)$ 是余弦函数 $y=\cos x, x\in[0,2\pi]$ 图像上起关键作用的五个点(最高点、最低点、零点),这五点描出后就可大致确定余弦函数 $y=\cos x, x\in[0,2\pi]$ 的图像.

由于终边相同的角的同名三角函数值相等,所以 $y=\cos x, x\in[2k\pi,(2k+1)\pi]$ ($k\in \mathbf{Z}$ 且 $k\neq 0$)的图像,与函数 $y=\cos x, x\in[0,2\pi]$ 的图像的形状完全一致. 因此,只需把函数 $y=\cos x, x\in[0,2\pi]$ 的图像向左或向右平行移动(每次平行移动 2π 个单位长度),就可得到余弦曲线.

二、余弦函数的性质

1.定义域

函数 $y=\cos x$ 的定义域是 $(-\infty,+\infty)$.

2.值域和最值

函数 $y=\cos x$ 的值域是 $[-1,1]$,当 $x=2k\pi(k\in\mathbf{Z})$ 时,函数 y 取得最大值 1;当 $x=(2k+1)\pi(k\in\mathbf{Z})$ 时,函数 y 取得最小值 -1.

对于定义域 $(-\infty,+\infty)$ 内的一切 x 值,恒有 $|\cos x|\leqslant 1$,即 $-1\leqslant\cos x\leqslant 1$,这一结论又叫做余弦函数的有界性.

3.周期性

函数 $y=\cos x$ 是周期函数,最小正周期是 2π.

4.奇偶性

由诱导公式 $\cos(-x)=\cos x$ 可知,$y=\cos x(x\in\mathbf{R})$ 偶函数,因此它的图像即余弦曲线关于 y 轴对称.

5.单调性

$y=\cos x$ 在每一个闭区间 $[(2k-1)\pi,2k\pi](k\in\mathbf{Z})$ 上都是增函数,在每一个闭区间 $[2k\pi,(2k-1)\pi](k\in\mathbf{Z})$ 上都是减函数.

典型例题剖析

例 1 已知函数 $y=|\cos x|$,$x\in\mathbf{R}$.

(1)作出它在 $[0,2\pi]$ 内的简图.

(2)写出它的最小正周期 T.

(3)写出它的最大值、最小值和单调区间.

分析 先用五点法作图,由其图像可写出其余所求的各项内容.

解答 (1)列表(表 4.7-1):

表 4.7-1

x	0	$\dfrac{\pi}{2}$	π	$\dfrac{3\pi}{2}$	2π
$y=|\cos x|$	1	0	1	0	1

描点,连线作图如图 4.7-2:

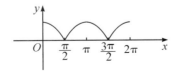

图 4.7-2

(2)由上图可知,$y=|\cos x|$ 的最小正周期 $T=\pi$.

(3)$y=|\cos x|$ 的最大值是 1,最小值是 0.单调增区间是 $\left[\dfrac{\pi}{2}+k\pi,\pi+k\pi\right](k\in \mathbf{Z})$,

单调减区间是 $\left[k\pi,\dfrac{\pi}{2}+k\pi\right](k\in \mathbf{Z})$.

例 2 比较 $\cos\left(-\dfrac{6\pi}{7}\right)$ 与 $\cos\dfrac{6\pi}{5}$ 的大小.

分析 利用诱导公式,将 $\cos\left(-\dfrac{6\pi}{7}\right)$ 与 $\cos\dfrac{6\pi}{5}$ 转化为同一单调区间上的两个角的余弦.

解答 因为 $\cos\left(-\dfrac{6\pi}{7}\right)=\cos\dfrac{6\pi}{7}=\cos\left(\pi-\dfrac{\pi}{7}\right)=-\cos\dfrac{\pi}{7}$,

$\cos\dfrac{6\pi}{5}=\cos\left(\pi+\dfrac{\pi}{5}\right)=-\cos\dfrac{\pi}{5}$.

又因为函数 $y=\cos x$ 在 $\left[0,\dfrac{\pi}{2}\right]$ 上是减函数,且 $0<\dfrac{\pi}{7}<\dfrac{\pi}{5}<\dfrac{\pi}{2}$,

所以 $\cos\dfrac{\pi}{7}>\cos\dfrac{\pi}{5}$,即有 $-\cos\dfrac{\pi}{7}<-\cos\dfrac{\pi}{5}$.

因此,$\cos\left(-\dfrac{6\pi}{7}\right)<\cos\dfrac{6\pi}{5}$.

课堂小测试

一、选择题

1. 函数 $y=2\cos x$ 是( ).

   A. 奇函数 B. 偶函数

   C. 既是奇函数又是偶函数 D. 既不是奇函数也不是偶函数

2. 函数 $y=2-\cos x$ 的最大值及取得最大值时 x 的值分别是( ).

   A. $y=3, x=0$ B. $y=3, x=(2k+1)\pi(k\in \mathbf{Z})$

   C. $y=1, x=2k\pi(k\in \mathbf{Z})$ D. $y=3, x=\dfrac{\pi}{2}+2k\pi(k\in \mathbf{Z})$

3. 下列函数在区间 $\left[0,\dfrac{\pi}{2}\right]$ 上是增函数的是( ).

   A. $y=\sin 2x$ B. $y=\cos 2x$

   C. $y=\sin x$ D. $y=\cos x$

4. 下列不等式成立的是( ).

   A. $\cos 2 < \cos 4$ B. $\sin\dfrac{3\pi}{5} < \sin\dfrac{7\pi}{5}$

   C. $\cos\dfrac{31\pi}{8} > \cos\dfrac{13\pi}{8}$ D. $\sin\left(-\dfrac{\pi}{5}\right) > \sin\dfrac{\pi}{5}$

5. 若 $\cos x = 0$,则角 x 等于( ).

   A. $k\pi(k\in\mathbf{Z})$ B. $\dfrac{\pi}{2}+k\pi(k\in\mathbf{Z})$

   C. $\dfrac{\pi}{2}+2k\pi(k\in\mathbf{Z})$ D. $-\dfrac{\pi}{2}+2k\pi(k\in\mathbf{Z})$

6. 下列函数中,同时满足①在 $\left(0,\dfrac{\pi}{2}\right)$ 上是增函数,②为奇函数,③以 π 为最小正周期的函数是( ).

   A. $y=\tan x$ B. $y=\cos x$

   C. $y=\tan\dfrac{x}{2}$ D. $y=|\sin x|$

二、填空题

7. 函数 $y=\sqrt{\cos 2x}$ 的定义域是_____.

8. 已知 $2\cos x=a+3$,则实数 a 的取值范围是_____.

9. 已知函数 $y=1+\cos x, x\in[0,2\pi]$,则该函数的图像与直线 $y=2$ 的交点个数是_____.

10. 函数 $y=2+\cos 2x(x\in\mathbf{R})$ 的最大值是_____.

三、解答题

11. 已知函数 $y=m-n\cos x\,(n>0)$ 的最大值是 $\dfrac{1}{2}$,最小值是 $-\dfrac{3}{2}$,求函数 $y=-2n\sin mx$ 的最大值、最小值和最小正周期.

4.8 已知三角函数值求角

了解已知三角函数(正弦、余弦和正切)求指定范围内的角的基本方法.

一、已知三角函数值求角

已知三角函数值求角的关键在于先求出该角的三角函数的绝对值所对应的锐角,其次判断该角所在的象限,最后求出符合条件的角,其具体步骤如下:

第一步,找出与已知函数的绝对值对应的锐角 α_1.

第二步,根据所给三角函数值的符号,判断角 α 所在的象限,求出 $[0, 2\pi]$ 内的角 α. 即:如果适合条件的角在第二象限,则 $\alpha = \pi - \alpha_1$;如果适合条件的角在第三象限,则 $\alpha = \pi + \alpha_1$;如果适合条件的角在第四象限,则 $\alpha = 2\pi - \alpha_1$.

第三步,将以上得到的角 α 加上 $2k\pi (k \in \mathbf{Z})$,即用终边相同角的表达式写出所有适合条件的角,如果是正切函数,则可用 $\alpha_1 + k\pi$ 或 $\pi - \alpha_1 + k\pi (k \in \mathbf{Z})$.

例 1 求适合下列条件的角 α.

(1) $\sin\alpha = -\dfrac{\sqrt{2}}{2}, 0 < \alpha < 2\pi$;

(2) $\sin\alpha = \sin\dfrac{\pi}{6}, 0 < \alpha < 2\pi$;

(3) $\cos\alpha = -\dfrac{1}{2}, 0 < \alpha < 2\pi$;

(4) $\tan\alpha = -1, 0 < \alpha < 2\pi$.

分析 运用已知三角函数值求角的一般步骤和方法来解答.

解答 (1)因为 $\sin\alpha = -\dfrac{\sqrt{2}}{2} < 0$,所以 α 是第三或第四象限的角.

又因为 $0 < \alpha < 2\pi$,所以 $\pi < \alpha < 2\pi$.

而满足 $|\sin\alpha| = \left|-\dfrac{\sqrt{2}}{2}\right| = \dfrac{\sqrt{2}}{2}$ 的锐角是 $\dfrac{\pi}{4}$.

因此,适合题意的角有 $\pi + \dfrac{\pi}{4} = \dfrac{5\pi}{4}$ 和 $2\pi - \dfrac{\pi}{4} = \dfrac{7\pi}{4}$,即 $\alpha = \dfrac{5\pi}{4}$ 或 $\dfrac{7\pi}{4}$.

(2)因为 $\sin\alpha = \sin\dfrac{\pi}{6} = \dfrac{1}{2} > 0$,所以 α 是第一或第二象限的角.

又因为 $0 < \alpha < 2\pi$,所以 $0 < \alpha < \pi$.

而满足 $|\sin\alpha| = \left|\sin\dfrac{\pi}{6}\right| = \dfrac{1}{2}$ 的锐角 α 是 $\dfrac{\pi}{6}$.

因此,$\alpha = \dfrac{\pi}{6}$ 或 $\alpha = \pi - \dfrac{\pi}{6} = \dfrac{5\pi}{6}$.

(3)因为 $\cos\alpha = -\dfrac{1}{2} < 0$,所以 α 是第二或第三象限的角.

又因为 $0 < \alpha < 2\pi$,所以 $\dfrac{\pi}{2} < \alpha < \dfrac{3\pi}{2}$,

而满足 $|\cos\alpha| = \left|-\dfrac{1}{2}\right| = \dfrac{1}{2}$ 的锐角 α 是 $\dfrac{\pi}{3}$,

所以适合题意的角有 $\pi - \dfrac{\pi}{3} = \dfrac{2\pi}{3}$ 和 $\pi + \dfrac{\pi}{3} = \dfrac{4\pi}{3}$,即 $\alpha = \dfrac{2\pi}{3}$ 或 $\alpha = \dfrac{4\pi}{3}$.

(4)因为 $\tan\alpha = -1$,所以 α 是第二或第四象限的角,

而 $0 < \alpha < 2\pi$,且 $|\tan\alpha| = |-1| = 1$ 所对应的锐角是 $\dfrac{\pi}{4}$,

所以适合题意的角有 $\pi - \dfrac{\pi}{4} = \dfrac{3\pi}{4}$ 和 $\pi + \dfrac{\pi}{4} = \dfrac{5\pi}{4}$,即 $\alpha = \dfrac{3\pi}{4}$ 或 $\alpha = \dfrac{5\pi}{4}$.

 课堂小测试

一、选择题

1.已知 $\sin x = \dfrac{\sqrt{3}}{2}$,且 $x \in \left[-\dfrac{\pi}{2}, \dfrac{\pi}{2}\right]$,则 $x = $ (　　).

A. $-\dfrac{\pi}{3}$ 　　　　B. $\dfrac{\pi}{3}$ 　　　　C. $-\dfrac{\sqrt{3}}{3}$ 　　　　D. $\dfrac{\sqrt{3}}{3}$

2.已知 $\cos\alpha = -\dfrac{1}{2}$,且 $\alpha \in [0, \pi]$,则 $\alpha = $ (　　).

A. $\dfrac{5\pi}{6}$ 　　　　B. $\dfrac{\pi}{6}$ 　　　　C. $\dfrac{2\pi}{3}$ 　　　　D. $\dfrac{\pi}{3}$

3. 已知 $\tan x = -1$,且 $x \in \left(-\dfrac{\pi}{2}, \dfrac{\pi}{2}\right)$,则 $x =$( ).

    A. $-\dfrac{\pi}{4}$ B. $\dfrac{\pi}{4}$ C. $-\dfrac{\pi}{4}$ 或 $\dfrac{\pi}{4}$ D. 无法确定

4. 已知 $\sin\alpha = 0$,且 $\alpha \in [0, \pi]$,则 $\alpha =$( ).

    A. 0   B. 0 或 π C. π D. 0,π 或 2π

5. 若 α 是三角形的一个内角,且 $\sin\alpha = \dfrac{1}{2}$,则 α 等于( ).

    A. 30°   B. 30° 或 150°   C. 60°   D. 60° 或 120°

二、填空题

6. 已知 $\cos\alpha = \cos\dfrac{\pi}{4}$,且 $\pi < \alpha < 2\pi$,则 $\alpha =$ _____.

7. 已知 $\tan\alpha = \dfrac{\sqrt{3}}{3}$,则 $\alpha =$ _____.

8. 根据下列条件,求 $\triangle ABC$ 的内角 A

    (1) $\sin A = \dfrac{\sqrt{2}}{2}$,$A =$ _____   (2) $\cos A = -\dfrac{1}{2}$,$A =$ _____   (3) $\tan A = -\dfrac{\sqrt{3}}{3}$,$A =$ _____.

9. 若 $x = \dfrac{\pi}{3}$ 是方程 $2\cos(x+\alpha) = 1$ 的解,其中 $\alpha \in (0, 2\pi)$,则角 $\alpha =$ _____.

三、解答题

10. 已知 $\sin\alpha = -\dfrac{1}{2}$,在区间 $(0, 2\pi)$ 内,求角 α.

11. 已知 $\cos\alpha = \dfrac{\sqrt{3}}{2}$,在区间 $(-\pi, \pi)$ 内,求角 α.

12. 已知 $\tan x = -1$，且 $\cos x = \dfrac{\sqrt{2}}{2}$，求 x 的取值集合.

13. 已知 $\sin \alpha = \dfrac{\sqrt{2}}{2}$，求角 α.

第4章检测题

★★★

总分:120 分 时间:120 分钟 得分:_____分

一、选择题(在每小题给出的四个选项中,只有一个选项是符合题意的,请把你认为符合题意的选项填入题后的括号内.本大题共 10 小题,每小题 4 分,共 40 分.)

1. 若角 α 的终边上有一点 $P(-1,2)$,则角 α 是(　　).

   A. 第一象限角　　B. 第二象限角　　C. 第三象限角　　D. 第四象限角

2. 下列各角,与角 $\dfrac{3\pi}{2}$ 终边相同的是(　　).

   A. $\dfrac{\pi}{2}$　　B. π　　C. $-\dfrac{\pi}{2}$　　D. 2π

3. 与 $60°$ 角终边相同的角的集合是(　　).

   A. $\{\alpha\mid\alpha=60°+k\cdot 180°,k\in \mathbf{Z}\}$　　B. $\{\alpha\mid\alpha=60°+k\cdot 360°,k\in \mathbf{Z}\}$

   C. $\{\alpha\mid\alpha=\dfrac{\pi}{3}+k\pi,k\in \mathbf{Z}\}$　　D. $\{\alpha\mid\alpha=\dfrac{\pi}{6}+2k\pi,k\in \mathbf{Z}\}$

4. $\sin\dfrac{7\pi}{4}$ 的值是(　　).

   A. $-\dfrac{\sqrt{2}}{2}$　　B. $\dfrac{\sqrt{2}}{2}$　　C. -1　　D. 1

5. 若 $\tan\alpha=3$,则(　　).

   A. $\sin\alpha=\dfrac{\cos\alpha}{3}$　　B. $\dfrac{\cos\alpha}{\sin\alpha}=3$

   C. $\sin\alpha=3\cos\alpha$　　D. $\cos\alpha=3\sin\alpha$

6. $\cos\dfrac{7\pi}{3}$ 的值是(　　).

   A. $\dfrac{1}{2}$　　B. $-\dfrac{1}{2}$　　C. $\dfrac{\sqrt{3}}{2}$　　D. $-\dfrac{\sqrt{3}}{2}$

7. 若 $\sin\theta=-\dfrac{\sqrt{3}}{2},\theta\in[-\pi,0]$,则 $\theta=$(　　).

   A. $\dfrac{\pi}{3}$　　B. $-\dfrac{\pi}{3}$　　C. $\dfrac{\pi}{6}$　　D. $-\dfrac{\pi}{6}$

8. 若 $\sin\theta=-\dfrac{1}{2},\theta\in[0,2\pi]$,则 $\theta=$(　　).

   A. $\dfrac{7\pi}{6}$ 或 $\dfrac{11\pi}{6}$　　B. $\dfrac{4\pi}{3}$ 或 $\dfrac{5\pi}{3}$　　C. $\dfrac{7\pi}{6}$　　D. $\dfrac{4\pi}{3}$

9. 在 30°角的终边上有一点 P，若点 P 到原点 O 的距离为 2，则点 P 的坐标为（　　）.

  A. $(1,\sqrt{3})$ B. $(\sqrt{3},1)$ C. $(0,2)$ D. $(1,0)$

10. $\sin 150°$ 的值是（　　）.

  A. $\dfrac{1}{2}$ B. $\dfrac{\sqrt{2}}{2}$ C. $\dfrac{\sqrt{3}}{2}$ D. $-\dfrac{\sqrt{3}}{2}$

二、填空题（本大题共 10 小题，每小题 2 分，共 20 分.）

11. $\cos 225° =$ _____.

12. 函数 $y = \cos x$ 在区间 $[0, 2\pi]$ 上的单调增区间是 _____.

13. $\tan 390° =$ _____.

14. 函数 $y = \dfrac{1}{2} + \sin x\,(x \in \mathbf{R})$ 的值域是 _____.

15. 若 $\tan\alpha = -\dfrac{\sqrt{3}}{3}$，$\alpha \in [0, \pi]$，则 $\alpha =$ _____.

16. $\dfrac{\sin x + \cos x}{\sin x - \cos x} = 3$，那么 $\tan x =$ _____.

17. 化简：$\sqrt{1 - \sin^2 20°} =$ _____.

18. 已知 $\sin\alpha \cdot \cos\alpha = \dfrac{1}{8}$，且 $\dfrac{\pi}{4} < \alpha < \dfrac{\pi}{2}$，则 $\cos\alpha - \sin\alpha =$ _____.

19. 已知 $\tan x = -\dfrac{1}{2}$，则 $\sin^2 x + 3\sin x \cos x - 1 =$ _____.

20. 若 $\tan x = -\dfrac{\sqrt{3}}{3}$，且 $-\pi < x < \pi$，则 $x =$ _____.

三、解答题（本大题共 5 小题，每小题 12 分，共 60 分.解答应写出文字说明或演算步骤.）

21. 已知点 $P(-4, 3)$ 是角 α 的终边上一点，分别求 $\sin\alpha, \cos\alpha$ 和 $\tan\alpha$ 的值.

22. 已知函数 $y = a + b\sin x (b > 0)$ 的最大值是 $\dfrac{5}{2}$,最小值是 $\dfrac{3}{2}$,分别求 a 和 b 的值.

23. 已知 $\sin\alpha = -\dfrac{3}{5}$,且 α 是第三象限角,求 $\cos\alpha$,$\tan\alpha$ 的值.

24. 已知函数 $y = -2\sin x + 1$.

  (1) 用"五点法"作出函数在 $[0, 2\pi]$ 上的图像;

  (2) 求函数的最大值及函数取得最大值时自变量 x 的值.

25. 已知 $\tan\alpha = -2$,分别求下列各式的值:

  (1) $\dfrac{3\sin\alpha - 4\cos\alpha}{2\sin\alpha + 5\cos\alpha}$;

  (2) $\sin\alpha \cdot \cos\alpha$.

期中检测题

一、选择题(本题 14 个小题,每题 3 分,共 42 分)

1. 已知集合 $A=(-1,3)$,$A\cap B=\varnothing$,$A\cup B=R$,则集合 B 是( ).
   A. $(3,+\infty)$　　　　　　　　　B. $(-\infty,-1]$
   C. $(-\infty,-1)\cup(3,+\infty)$　　　D. $(-\infty,-1]\cup[3,+\infty)$

2. 下列命题正确的是( ).
   A. 若 $a>b,c>d$,则 $ac>bd$　　　B. 若 $ac>bc$,则 $a>b$
   C. 若 $a>b$,则 $\dfrac{1}{a}<\dfrac{1}{b}$　　　　D. 若 $a>b,c>d$,则 $a+c>b+d$

3. 已知 $\{a,b\}\cup A=\{a,b,c\}$,则符合条件的集合 A 的个数有( ).
   A. 1 个　　　B. 2 个　　　C. 3 个　　　D. 4 个

4. 已知 $f(x)=\begin{cases}x^2+1,&x\in[0,+\infty)\\3-x,&x\in(-\infty,0)\end{cases}$,则 $f[f(-2)]$ 等于( ).
   A. 5　　　B. 26　　　C. 2　　　D. -2

5. 函数 $y=\dfrac{1}{\sqrt{x^2+2x-3}}$ 的定义域为( ).
   A. $(0,+\infty)$　　　　　　　　　B. $(-\infty,-3]\cup[1,+\infty)$
   C. $(-3,1)$　　　　　　　　　　　D. $(-\infty,-3)\cup(1,+\infty)$

6. 下列选项中,是同一函数的( ).
   A. $f(x)=x,g(x)=\sqrt{x^2}$　　　　B. $f(x)=x,g(x)=\sqrt[3]{x^3}$
   C. $f(x)=x,g(x)=\dfrac{x^2}{x}$　　　　D. $f(x)=x,g(x)=|x|$

7. 函数 $f(x)=\dfrac{1}{x}-x$ 的图像关于( )对称.
   A. x 轴　　　B. y 轴　　　C. 原点　　　D. 直线 $y=x$

8. $f(x)=x^2+bx+c$ 满足 $f(2+t)=f(2-t)$,则( ).
   A. $f(2)<f(4)<f(1)$　　　B. $f(2)<f(1)<f(4)$
   C. $f(1)<f(2)<f(4)$　　　D. $f(4)<f(2)<f(1)$

119

9. 已知集合 $M=\{x|-2<x<2\}$, $N=\{x||x-1|\leq 2\}$, 则 $M\cap N=$ ( ).

A. $\{x|-2<x\leq 3\}$ B. $\{x|-1\leq x<2\}$

C. $\{x|-2<x\leq -1\}$ D. $\{x|2<x\leq 3\}$

10. $|3x-2|-1>0$ 的解集为( ).

A. $\left(-\infty,-\dfrac{1}{3}\right)\cup(1,+\infty)$ B. $\left(-\dfrac{1}{3},1\right)$

C. $\left(-\infty,\dfrac{1}{3}\right)\cup(1,+\infty)$ D. $\left(\dfrac{1}{3},1\right)$

11. 函数 $f(x)=2x^2-mx+3$, 当 $x\in(-\infty,-2]$ 时是减函数, $x\in[-2,+\infty)$ 时是增函数, 则 $f(1)=$ ( ).

A. -3 B. 13   C. 7   D. 由 m 的取值而定

12. 若点 $A(a,5)$ 在函数 $f(x)=x^2-x-1$ 的图像上, 则 $a=$ ( ).

A. -2 B. 3   C. -2 或 3   D. 2 或 -3

13. 奇函数 $y=f(x)$ 在 $[1,2]$ 上是增函数且有最大值 3, 则 $y=f(x)$ 在 $[-2,-1]$ 上是( ).

A. 增函数且有最小值 -3 B. 增函数且有最大值 3

C. 减函数且有最小值 -3 D. 减函数且有最大值 3

14. 若不等式 $x^2+mx+\dfrac{1}{4}>0$ 的解集为 R, 则( ).

A. $-1<m<1$ B. $-1\leq m\leq 1$

C. $m<-1$ 或 $m>1$ D. $m\leq -1$ 或 $m\geq 1$

二、填空题(本题共 10 个空, 每空 3 分, 共 30 分)

15. 设 $A=\{(x,y)|3x+2y=1\}$, $B=\{(x,y)|x-y=2\}$, 则 $A\cap B=$ _____.

16. 设 $f(x)=x^2-ax+a$, 若 $f(2)=7$, 则 $a=$ _____.

17. 设 $a>b$, 且 $ab>0$, 那么 $\dfrac{1}{a}$ _____ $\dfrac{1}{b}$ (填 ">" 或 "<")

18. 点 $A(1,2)$ 关于原点的对称点 B 的坐标是 _____.

19. 已知 $f(x)=ax^7-bx+2$, 且 $f(-5)=17$, 则 $f(5)=$ _____.

20. 函数 $f(x)$ 是二次函数, 顶点坐标是 $(-1,2)$ 且过原点, 则 $f(x)=$ _____.

21. 一元二次函数 $y=x^2-6x+5$ 和 x 轴、y 轴的交点连成直线所围成的图形的面积是 _____.

22. 二次函数 $y=-x^2+2x+2$ 在区间 $[0,4]$ 内的值域是 _____.

23. 方程 $x^2-kx+4=0$ 没有实根, 则 k 的取值范围是 _____.

24. 若 $f(x)=(m-1)x^2+mx+3$ 是偶函数, 则 $f(x)$ 的增区间为 _____.

三、**解答题**(本大题共 5 小题,25～28 题每题 9 分,29 题 12 分,共 45 分)

25. 设全集 $U=\mathbf{R}$,集合 $A=\{x\mid x(x-3)>0\}$,$B=\{x\mid x^2-6x+8<0\}$,求:$C_U A$ 和 $A\cap B$.

26. 已知全集 $U=\{2,3,a^2+2a-3\}$,$A=\{2,|a|\}$,$C_U A=\{0\}$,求 a 的值.

27. 求函数 $y=\sqrt{x^2-3x-4}+\dfrac{1}{x-4}$ 的定义域.

28. 用函数单调性定义证明 $f(x)=-x^2+4$ 在 $(0,+\infty)$ 上是减函数.

29. 有 200 米长的篱笆材料,如果利用已有的一面墙作为一边,围成一块长方形菜园,问长方形的长、宽各为多少时面积最大？最大面积是多少？

期末检测题

一、选择题(本题 10 个小题,每题 4 分,共 40 分)

1. 设 r 为圆的半径,则弧长为 $\dfrac{3}{4}r$ 的圆弧所对的圆心角为(   ).

   A. $135°$ B. $\dfrac{135°}{\pi}$ C. $145°$ D. $\dfrac{145°}{\pi}$

2. $\sin(-1230°)$ 的值是(   ).

   A. $-\dfrac{1}{2}$ B. $\pm\dfrac{\sqrt{3}}{2}$ C. $\dfrac{\sqrt{3}}{2}$ D. $-\dfrac{\sqrt{3}}{2}$

3. 使得函数 $y=\sin x$ 为减函数,且值为负数的区间为(   ).

   A. $\left(0,\dfrac{\pi}{2}\right)$ B. $\left(\dfrac{\pi}{2},\pi\right)$ C. $\left(\pi,\dfrac{3\pi}{2}\right)$ D. $\left(\dfrac{3\pi}{2},2\pi\right)$

4. 下列说法正确的是(   ).

   A. 终边相同的角相等   B. 第一象限角都是锐角
   C. 第二象限角比第一象限角大   D. 小于 $90°$ 的角不一定都是锐角

5. 已知 α 为第三象限角,$\cos\alpha=-\dfrac{12}{13}$,则 $\tan\alpha=$(   ).

   A. $\dfrac{5}{12}$ B. $\dfrac{12}{5}$ C. $-\dfrac{12}{5}$ D. $-\dfrac{5}{12}$

6. 设 θ 是第三象限角,则点 $P(\cos\theta,\tan\theta)$ 在第(   )象限.

   A. 一   B. 二   C. 三   D. 四

7. 已知 R 为圆的半径,弧长为 $\dfrac{3}{4}R$ 的圆弧多对的圆心角为(   ).

   A. $135°$ B. $\left(\dfrac{145}{\pi}\right)°$ C. $145°$ D. $\left(\dfrac{135}{\pi}\right)°$

8. 函数 $y=3\sin x$ 的单调增区间为(   ).

   A. $[2k\pi,2k\pi+\pi]$ $(k\in\mathbf{Z})$ B. $\left[2k\pi-\dfrac{\pi}{2},2k\pi+\dfrac{\pi}{2}\right]$ $(k\in\mathbf{Z})$
   C. $[2k\pi-\pi,2k\pi+\pi]$ $(k\in\mathbf{Z})$ D. $[4k\pi-\pi,4k\pi+\pi]$ $(k\in\mathbf{Z})$

· 123 ·

9. 已知 $\tan\alpha=5$，则 $\dfrac{\sin\alpha-3\cos\alpha}{2\sin\alpha+5\cos\alpha}=$ (   ).

   A. -2 B. $\dfrac{25}{12}$ C. $\dfrac{2}{15}$ D. $-\dfrac{22}{9}$

10. 若函数 $y=-a^x$ 的图像过点 $\left(3,-\dfrac{1}{8}\right)$，则 $a=$ (   ).

    A. 2 B. -2 C. $-\dfrac{1}{2}$ D. $\dfrac{1}{2}$

二、填空题（本题共有 7 个空，每空 4 分，共 28 分）

11. 角 $\alpha=3$，则 α 的终边在第 _____ 象限.

12. 若 $\sin x=\dfrac{1}{2}$，$x\in(0,2\pi)$，则 $x=$ _____.

13. 角 α 的终边经过 $p(1,a)$，已知则 $\cos\alpha=\dfrac{\sqrt{3}}{2}$，则 $a=$ _____.

14. 化简：$\sin(5\pi+\alpha)\cdot\cos(-\alpha)\cdot\tan(\pi+\alpha)=$ _____.

15. 函数 $y=1-2\cos x$，$x\in\mathbf{R}$ 的值域是 _____.

16. 角 α 为第一象限角，点 $(3,m)$ 在角 α 终边上且 $\cos\alpha=\dfrac{3}{5}$，则 $m=$ _____.

17. 如果 $\sin(3\pi+A)=-\dfrac{1}{2}$，那么 $\sin(6\pi-A)=$ _____.

三、解答题（本大题共 4 小题，每题 13 分，共 52 分）

18. 已知 $\cos\alpha=-\dfrac{5}{13}$，求 $\sin\alpha$，$\tan\alpha$ 的值.

19. 求使函数 $y = \sin(3x - \dfrac{\pi}{4})$ 取得最小值的 x 的集合.

20. α 为第一象限角,且 $\sin\alpha = \dfrac{3}{5}$,求 $\dfrac{\sin(\pi+\alpha)+\cos(5\pi-\alpha)}{\sin(\alpha-6\pi)+2\cos(2\pi+\alpha)}$.

21. 已知 α 的终边在直线 $y=-2x$ 上，求 $\sin\alpha$、$\cos\alpha$、$\tan\alpha$ 的值.